들어가는 말

카지노라 하면 아직도 무언가 나쁜 것을 연상하는 사람들이 많다. 카지노 회사에 다닌다고 하면 아래위로 한 번씩 훑어본다. 무언가 남다른 점이 있을까 경계의 눈초리를 보낸다.

카지노에 직접 들어와서 일하다 보니 하고 싶은 말들이 생겨났고 해야 할 일이 있었다. 특히, 카지노 영업장 환경개선 업무를 추진하면서 카지노가 가지고 있는 양면성을 생각하지 않을 수 없었다.

카지노가 대관절 무엇이기에 전 세계가 이토록 열광하는지, 거기에 세상 사람들이 모르는 남모를 비밀이라도 숨겨져 있는 것인지 궁금하였다.

'카지노의 도시', 라스베이거스는 100년 만에 인구가 600배 이상 증가하였다. 지금은 '도박의 도시'라기보다는 엔터테인먼트의 도시, 컨벤션의 도시, 살기 좋은 도시로 인정받고 있다.

인구 60만이 조금 안 되는 도시, 마카오에는 관광객 수가 3,000만 명에 육박할 정도이다. 국민소득은 5만 불을 넘어섰다. 금융의 도시 홍콩보다도 훨씬 경제적으로 풍부하다. 물론 그들이 얼마나 행복한지는 잘 모르겠다.

최근 도덕국가라고 자부하는 싱가포르가 그동안 지켜오던 전통을 과감히 깨버리고 고심 끝에 카지노를 도입하였다. 2개의 커다란 복합리조트를 도입한 후 그들은 경제적으로 커다란 성과를 얻었고 그 결과에 만족하고 있다.

　그러나 카지노에는 많은 부작용도 있다. 직업을 버리고 게임에 몰두하는 사람들, 카지노 자금을 만들기 위해 저지르는 각종 범죄와 가정 파탄, 거리의 노숙자들, 가끔가다 들리는 자살 소식 등이 그것이다. 도대체 어떠한 마력이 있기에 모든 것을 잃고 죽음에 이르기까지 그곳에서 헤어 나오지 못할까. 어떻게 하면 카지노 중독으로 인해 피해를 보는 사람들을 줄여볼 수 있을까.

　결국 도달한 곳은 그들에게 카지노에 대한 실체를 조금이나마 더 솔직하게 보여주어야 한다는 것이었다.

　이 책은 현란한 이론서이기보다는 그냥 여행처럼 편안하게 읽는 책이다. 관광산업의 전망에 대한 언급을 시작으로 최근 이슈가 되고 있는 라스베이거스 · 마카오 · 싱가포르 복합리조트 사례를 여행하듯 살펴보고, 카지노의 실체를 파악하기 위해 카지노 게임의 종류와 이

복합리조트 시대
카지노 미학

복합리조트 시대
카지노 미학

박성수 지음

론적 원리 및 실무적 관점에서 카지노 운영시스템을 언급하였고, 게임 참여자 관점에서 카지노 회사의 전략과 준수해야 할 사항에 대해서도 언급하였다. 이를 바탕으로 결론 부분에서는 복합리조트 시대에 카지노가 나아가야 할 방향을 늪의 연꽃에 비유하여 기술하였다.

수천 년 전부터 도박은 있어 왔고 이는 각종 범죄, 지하경제 등 사회의 어두운 측면과 관련되어 있다. 또한 한번 빠지면 헤어 나오기 어렵다는 특징이 있어 구원의 손길도 필요하다.

그렇기 때문에 카지노는 늪에 뿌리를 내리되 향기로운 꽃을 피우고 열매를 맺는 연꽃으로 피어나야 한다. 카지노가 늪의 연꽃으로 향기롭게 피어나기를 희망해본다.

2013. 10.

박성수

목차

제3장 카지노 게임의 이해 - 카지노의 실체는 무엇인가 155

제1장

관광산업의 이해와 전망 –
관광이 미래인가

1. 관광과 카지노

일상생활에서 벗어나 여가를 즐기기 위하여 다른 지역을 여행하는 행위를 '관광'이라고 한다. 몸과 마음이 지치고 피곤할 때 관광은 스트레스 해소와 재충전을 통해 새로운 활력을 제공해 준다.

관광을 하기 위해서는 기본적으로 어딘가를 가고 싶어 하는 마음, 무엇인가를 경험하고 싶은 마음이 있어야 하며, 무작정 떠나는 여행을 제외하고는 계획을 세워야 한다. 그리고 시간을 내야 한다. 하루하루 바쁘게 살아가다 보면 시간을 내는 것도 쉽지 않다. 기본적으로 돈은 반드시 있어야 한다.

어디를 갈 것인지를 결정하는 것은 쉽지가 않다. 세상에는 가보지 않은 좋은 곳이 많기 때문이다. 그렇기 때문에 사람들이 먼저 찾는 유명 관광지가 되기 위해서는 기본적으로 세 가지 필수조건을 가지고 있어야 한다.

첫째, 관광객을 유혹할 수 있는 매력을 가지고 있어야 한다. 그것이 자연환경이든, 인공적으로 만든 건축물이든, 아니면 그 지역의 독특한 문화이든 간에 반드시 끌리는 매력이 있어야 한다.

둘째, 숙박시설과 음식이다. 캠핑과는 달리 일반적으로 관광객은 현재 자신이 생활하는 환경보다 더 고급스럽고 좋은 곳에서 씻고 자기를 원하며, 더 맛있게 먹고 마시고 편안하게 쉬고자 하는 욕구가 있다.

셋째, 접근성이 좋아야 한다. 자동차, 기차, 항공, 해상이든 관광객이 원하는 시간 내에 쉽고 편리하게 도달할 수 있어야 한다.

관광에 대한 사람들의 욕구를 충족시켜 주는 대상을 관광자원이라고 하는데 관광자원이 많을수록 많은 관광객이 모일 수 있고, 관광객이 많다는 것은 관광지역이나 관광종사자에게는 많은 수익을 가져다주는 것을 의미한다.

관광산업이라 함은 관광자원을 바탕으로 관광하는 사람들의 욕구를 충족시켜 주기 위하여 각종 서비스를 제공하는 업을 통틀어 말하는데, 숙박업, 교통업, 여행업, 기타 서비스업 이외에 엔터테인먼트 요소로서 최근 들어 카지노가 핵심 상품으로 떠오르고 있다.

카지노는 관광객이 머무르면서 즐길 수 있는 체류형 관광 상품으로서 고용 창출, 국가 및 지방정부의 재정수입 증대, 지역 개발 촉진 등 경제적 효과가 매우 커 전 세계로 빠르게 확산되고 있다.

라스베이거스, 뉴욕 뉴욕 호텔&카지노

마카오, 그랜드리스보아 호텔&카지노

싱가포르, 마리나베이 샌즈 복합 카지노 리조트

2. 관광산업의 현황 및 전망

1) 국내외 현황

여행 및 관광산업의 경제적 기여도를 분석한 세계여행관광협회(WTTC)의 자료에 따르면 2011년 여행관광산업은 전 세계 GDP의 2.8%인 1조 9,728억 불(한화 약 2,170조 원)에 이르는 것으로 보고 있으며, 여기에 간접 및 유발효과까지를 포함할 경우 전 세계 GDP의 9.1%인 6조 3,461억 불에 이르는 것으로 분석하고 있다.

이와 관련하여 전 세계적으로 직접고용 9,803만 명, 간접 및 유발되는 고용을 포함할 경우 세계 전체 고용의 8.7%에 달하는 25,494만 명이 종사하고 있다는 분석이다.

2011년 기준 세계 3대의 관광국은 프랑스, 미국, 중국이다. 프랑스는 세계 1위의 관광대국으로 8,140만 명의 관광객이 방문하여 545억 달러(한화 60조 원)를 소비한다. 미국은 6,270만 명이 1,162억 달러를 소비하고 간다. 수입 측면에서는 미국이 프랑스보다 많다. 중국은 5,760만 명이 방문하여 485억 달러를 소비하고 가는 세계 3위의 관광국이다.

우리나라는 1,114만 명이 142억 달러를 소비하고 가는 나라이다. 세계 관광객의 약 1% 정도가 왔다 간다. 1978년에 100만 명을 돌파한 이래로 꾸준히 증가하여 2012년에는 1,114만 명을 넘어서는 등 34년 동안 10배 이상의 증가를 가져왔다.

연도별 관광객 및 관광수지 현황

(단위: 천 명, US$백만)

연도	입국자수	출국자수	관광수입	관광지출
2010	8,798	12,488	10,321	14,291
2011	9,795	12,694	12,396	15,544
2012	11,140	13,737	14,176	15,736

자료: 출입국 통계 자료.

2012년 한국을 찾은 외국인 1,114만 명은 1인당 US 1,273$를 사용하는 것으로 나타났고, 반면 해외로 빠져나간 내국인은 1,373만 명으로 1인당 US1,146$를 사용한 것으로 나타났다.

비영리 국제기관인 세계경제포럼(WEF)이 해마다 매기는 2012년 세계 주요국 경쟁력 종합순위에서 우리나라의 국가경쟁력은 세계 140개국 중 22위로 나타났다. 그중 여행·관광산업경쟁력은 25위로 2011년 32위에서 7단계 상승하였다.

2012년 우리나라 국내총생산(GDP) 규모는 1,271조 원(1,163,532천만US$)으로 세계 15위권이다. 조선, 철강, 반도체 부분에서 세계 1위, 자동차 생산량 세계 5위이고, 최첨단 액정표시장치(LCD) 기술이나 인터넷, 유비쿼터스 기술면에서도 세계를 리드하는 정보기술(IT) 강국이다. 이와 비교해볼 때 관광은 매우 뒤처져 있는 분야의 하나이다.

한국을 방문하는 외국 관광객 수 1,114만 명 중 일본관광객은 352만 명(31.6%), 중국관광객은 284만 명(25.5%)으로 일본관광객의 비중이 조금 높으나 중국관광객은 2010년 188만 명에 비해 1.5배 이상 급격이 증가하고 있는 추세이다.

방한 관광객 대비 중국인 관광객 비중 비교

(단위: 만 명)

구분	2006	2008	2010	2012	성장률
전체	616	689	880	1,114	26.7%
중국인	90	117	188	284	51.1%
구성비	14.6%	17.0%	21.4%	25.5%	-

한편, 중국관광연구원의 발표에 따르면 중국인 관광객 수는 2011년 6,000만 명(730억 달러 소비)에서, 2012년 8,300만 명(1,020억 달러 소비)으로 증가하였으며, 2013년에는 1억 명이 1,176억 달러(한화 129조원)를 소비할 것으로 예상되어 미국을 제치고 세계에서 가장 씀씀이가 큰 관광객이 될 것으로 전망하고 있다.

아울러, OECD는 중국의 경제규모가 2016년이면 현재 세계 2위에서 미국을 제치고 1위가 될 것으로 전망하고 있다.

중국인 관광객의 71%는 홍콩, 마카오를 방문('09년 기준)하고 있다. 우리나라를 방문하는 중국인은 전체 중국 관광객의 3%에 불과하다. 이들을 어떻게 한국으로 유인해야 하는가에 따라 향후 우리나라 관광산업의 흥망이 좌우될 것이다.

2) 향후 전망

(1) 주변 인접국가의 인구 증가

미국 통계청에서 발표한 예측에 의하면 2012년 5월, 세계의 인구는 70억 2천만 명으로 추정하고 있다.

세계의 인구를 육지전면에 균등하게 배분한다면 1㎢당 102명이 살고 있지만 실제로 세계 인구의 반은 아시아의 몬순지대에 밀집해 있으며, 육지면적의 10% 미만의 지역에 인구의 5분의 4가 집결해 살고 있다.

대륙별로는 아시아가 36억 8천만 명으로 세계인구의 60.8%를 차지함으로써 가장 많으며, 다음은 아프리카(7억 8천만 명), 유럽(7억 3천만 명), 남미(5억 2천만 명), 북미(3억 1천만 명), 오세아니아(3천만 명)의 순으로 나타났다.

한편, 일본은 아시아 인구의 3% 정도를 차지하고 있으며, 중국은 아시아 전체 인구의 32%를 차지하고 있다.

우리나라는 4,886만 명으로 아시아 인구의 1.3%, 전 세계 인구의 0.8% 정도를 차지하고 있다.

우리나라를 중심으로 1,200km 내에 7억 명의 인구가 살고 있다. 항공기로 세 시간 안에 접근이 가능한 인구 100만 명 이상의 도시만도 43개에 달한다.

세계의 인구 분포(2000년), 출처: 어린이백과

UN은 인구 1억 이상의 나라가 2000년 10개국에서 2020년에는 14개국으로 늘어날 것으로 전망하고 있다.

(2) 소득의 증가

2010년 기준 전 세계 GDP의 총합은 약 70조 100억 달러이고, 인구는 약 69억 6,000만 명 정도이니, 전 세계의 1인당 국민소득은 10,058달러로 볼 수 있다(출처: 세계 GDP, 1인당 국민소득 목록).

아시아 국가의 GDP 총합은 약 22조 6,600억 달러, 아시아 국가들의 1인당 국민소득은 대략 5천3백 달러 정도이다.

2012년 한국의 국민소득은 23,679달러로 세계 평균보다 2배 정도 많으며, 일본은 46,972달러로 세계 평균의 약 4~5배 정도이다. 중국의 국민소득은 5,898달러로 세계 평균의 대략 절반 수준이다.

한국은 아시아 GDP의 5%를 차지하고 있고, 일본은 26%, 중국은 32%로서 한국, 일본, 중국이 아시아 전체 GDP의 63%를 차지하고 있다.

파이낸셜타임스(FT)는 소득이 증가하면서 중국·인도·아세안(ASEAN·동남아 10개국)의 자동차 판매규모가 2012년 2천470대에서 2017년 3천670만 대로 50% 가까이 증가할 것으로 예측한 바 있으며, 중국, 인도의 럭셔리 상품 시장도 2010~2020년 매년 각각 23.0%, 15.0% 늘어날 것이라는 예측도 나오고 있다.

소득수준이 높아지면서 아시아권의 관광수요도 증가할 것이다.

(3) 관광객 수의 증가

유엔세계관광기구(UNWTO)가 발표한 연례 보고서에 따르면 2012년 해외여행객 수는 전년보다 4.0% 늘어난 10억 3천500만 명을 기록했다.

그중 아시아·태평양 지역이 2억 3천300만 명의 관광객을 끌면서 전년 대비 6.8%의 가장 가파른 성장세를 보였다. 특히 동남아 지역의 관광객 수가 급증(8.7%)했다.

일부 전문단체에서는 아시아국가의 관광객 수가 2020년 3억 5천800만 명으로 1.8배 늘어날 것으로 예측하고 있다.

한국은 1억 명 이상의 중국 관광객 시장과 매년 1,600만 명 이상이 해외여행을 하는 일본의 근접 위치에 있고, 연간 600만 명이 넘는 환승객을 유치하는 인천공항과 함께 세계로 퍼져나가는 한류와 높아지는 국제적 위상 등을 고려할 때 관광산업의 발전가능성은 더욱 커질 것으로 전망된다.

제2장

카지노 복합리조트의 현황과
동향 – 카지노가 해법인가

복합이란 주로 과학 용어로 서로 다른 분자로 구성된 2개 이상의 물질이 결합되어 새로운 구조를 가진 물질을 구성함을 의미하는데, 이때 새로 만들어진 물질은 그 물질을 구성하고 있는 개별적인 것들보다 더 새롭고 독특한 시너지 효과를 가지게 된다.

복합리조트란 두 가지 이상의 시설 또는 기능이 하나로 합쳐진 것으로, 그리고 거기에 리조트(Resort)의 의미가 합쳐진 것으로 복합 다양한 기능(mixed – use, multi – use)을 가진 리조트를 의미한다.

카지노 복합리조트란 카지노의 강력한 집객력을 바탕으로 호텔, 컨벤션, 테마파크, 스파, 박물관, 전시장, 골프장 등 다양한 시설을 도입하여 다양한 계층의 고객을 수용하기 위한 목적과 동시에 카지노의 부정적 특성을 완화하는 차원의 시설을 도입한 리조트를 의미한다.

라스베이거스가 속해 있는 클락카운티에는 79개의 카지노에 12만 대가 넘는 슬롯머신과 4천 대의 테이블 게임기기를 보유하고 있고, 14만 개의 객실을 갖춘 호텔 등 복합리조트 시설에 연간 4,000만 명이 넘는 방문객이 방문하며 카지노 수입만으로 약 6조 원이 넘는 돈

을 벌어들이고 있다. 클락카운티의 인구는 카지노를 합법화한 1930
년 8,532명 수준에 비해 235배가 증가한 200만 명 정도가 거주한다.

인구 60만 명이 조금 안 되는 마카오에는 35개의 카지노와 호텔
등 복합리조트에 연간 3,000만 명의 관광객이 방문하고 있으며, 약
40조 원에 가까운 수익을 벌어들이고 있다. 그들의 국민소득은 5만
불 이상으로 우리나라의 2배가 넘는다.

2009년 한 해 968만 명의 관광객이 방문하던 도시국가 싱가포르
가 2개의 카지노 복합리조트를 도입하고 난 후 2011년에는 1,317만
명의 관광객 수가 방문하는 등 단숨에 349만 명(36.1%) 이상이 증가
하는 등 경제적 고성장을 이룩하였다.

카지노 산업의 변천

구분	과거		현재
인식변화	도박(Gambling)	⇨	게임(Game), Leisure
영업시설	단독형 카지노 시설	⇨	복합형 리조트 시설 (호텔＋테마파크＋골프장＋수영장＋컨벤션 등)
게임종류	테이블 게임	⇨	테이블게임＋머신게임＋전자게임
대상고객	특수 계층(귀족)	⇨	일반 계층(가족형 관광객)

과거에 카지노는 귀족계층의 사교모임장이었으며 테이블 게임 위
주의 단독형 시설이었으나, 기술의 발전에 따라 테이블게임, 머신게
임, 전자게임 등으로 발전되어 왔으며, 레저수요에 따른 사회적 변
화와 함께 일반 계층(가족형 관광객) 고객을 유치하기 위한 스포츠
시설, 테마파크, 컨벤션 등 복합형 리조트 시설로 변모하였다. 그로
인해 단순한 도박 형태에서 하나의 레저활동으로 인식이 변화되고

있다.

　카지노는 자연 관광자원의 대체 상품으로서, 또한 보완상품으로서 여가활동이 이루어지기 힘든 야간에 여흥을 돋우고 소비를 촉진시키는 중요한 야간 관광시설로 이용되어 왔다.

　그러나, 단순히 게임만을 제공하는 차원에서 벗어나 가족 여행객을 포함한 대중 관광객을 위해 다양한 볼거리를 제공하는 복합 리조트 형태로 발전해오면서 지금은 지역경제를 넘어 국가 경제를 성장시킬 수 있는 강력한 관광 상품으로서 전 세계적으로 여행, 레저, 엔터테인먼트 산업의 핵심(관광의 꽃)이 되고 있다.

　라스베이거스, 마카오, 싱가포르 복합리조트를 살펴봄으로써 그 현황과 전망을 가늠해보자.

1. 카지노 복합리조트 현황 및 전망

1) 해외 현황

(1) 라스베이거스

　미국 서부지역에 위치한 네바다 주는 16개의 카운티(county)로 구성되어 있으며, 이 중 클락카운티에는 라스베이거스(Las Vegas)를 비롯하여 노스 라스베이거스(North Las Vegas), 헨드선(Henderson), 보울드시티(Boulder city), 진(Jean), 메스키트(Mesquite), 라프린(Laughlin) 등이 있다.

클락카운티 전체(메트로)인구는 2012년 현재 2,000,759명으로 호텔과 모텔을 포함하여 162,559실의 숙박시설을 보유하고 있다. 클락카운티에는 네바다 주 인구의 4분의 3이 살고 있다.

라스베이거스는 2011년 인구 58만 9천 명 정도, 면적은 352㎢ 정도로 우리나라 서울시 면적 605.21㎢의 58% 규모이다. 1가정당 평균수입은 53,000불 정도로 높은 편이다.

라스베이거스는 미국 최대의 관광과 카지노의 도시로서 스페인어로 '초원(Meadow)'이라는 뜻이다.

라스베이거스는 크게 스트립(Strip) 구역과 다운타운으로 구분할 수 있다. 라스베이거스 블로바드 거리(Las Vegas BLVD)를 스트립이라고 하는데 최근에 세워진 현대식 호텔리조트들로 이루어져 있다. 그에 비해 다운타운 지역은 좀 오래된 지역으로 스트립에 비해 다소 서민적인 분위기이다.

근교에는 야외 스포츠 레저를 즐길 수 있는 레크리에이션 구역이 있는데 특히 골프장의 환경이 뛰어나기 때문에 미국 프로골퍼들의 메카로 각광받고 있다. 또한 회원제로 운영하는 테니스 코트가 100개 이상 있는 테니스 천국으로도 불리고 있다.

한국인들이 많이 살고 있는 로스앤젤레스(LA)로부터 자동차로는 4시간, 비행기로는 50분 정도의 거리에 있다.

○ 발전 배경 및 역사

1900년대 초 라스베이거스는 인근 유타주에 사는 몰몬교도들이

LA로 가기 위한 중간 기착 지점이었다고 한다.

이후 라스베이거스 밸리지역에 광산이 발견되면서 1905년에 솔트레이크와 캘리포니아를 잇는 철도가 개통되면서 사막 한 가운데서 열차에 물을 공급하기 위한 정류장이 되었고, 그때부터 타운이 형성되기 시작하였다고 한다(1905년 5월 15일을 라스베이거스 탄생연도로 계산한다).

1911년 3월 16일에는 시로 승격되었는데 당시 인구는 800명이었고, 다른 도시를 포함한 클락 카운티 인구는 3,321명으로 네바다 주 인구의 1% 정도에 불과했다고 전한다.

1915년에 전기가 공급되었고, 1926년에는 비행기가 운항되었으며, 1929년 주식시장 붕괴와 경제 대공황을 겪게 되면서 오히려 후버댐 건설을 시작으로 인구 5천 명이 넘는 도시로 성장하게 되었다.

1931년 3월 19일에 6개 카지노 면허 발급을 시작으로 카지노와 매춘이 합법화되었고, 이혼법이 제정되어 이혼하기가 수월해졌다.

1936년 후버댐이 완성되면서 풍부하고 저렴한 가격으로 물과 전기를 공급받게 되었고, 1948년에는 McCarran International 공항이 개설되었다.

1940년대에는 다운타운에 프론티어, 골든너겟, 플라밍고 호텔 등의 카지노 호텔이 오픈하게 되었는데, 1946년 벤자민 벅시 시걸이 마피아를 설득해 플라밍고 호텔 카지노를 오픈하면서 이후 1950년대 라스베이거스의 거의 모든 카지노는 마피아가 장악하게 되었다고 한다.

이후 1960년대에는 포퀸, 시저스, 힐튼 등의 호텔이 오픈하였고,

특히 1965년 억만 장자 하워드 휴즈의 등장으로 합법적으로 카지노를 소유·운영할 수 있게 되면서 자본력에서 밀려난 마피아는 사라지게 되었다.

　1989년 스티브 윈의 등장과 함께 미라지 호텔을 오픈하면서 테마를 가진 엔터테인먼트의 도시로 변신, 가족이 즐길 수 있는 도시로 성공, 세계최고의 관광도시로 성장할 수 있는 발판을 마련하게 되었는데, 그 후 1993년의 MGM Grand Hotel, 1996년 스트라토스피어(Stratosphere) 타워호텔, 1997년 뉴욕 뉴욕(New York New York) 호텔, 1998년 17억 달러를 들인 벨라지오(Belagio) 호텔, 1999년 만달레이베이(Mandalay Bay) 호텔, 포 시즌(Four Seasons) 호텔, 베네시안(Venetian) 호텔, 파리스(Paris) 호텔 등 대규모 호텔 리조트가 차례로 오픈함으로써 라스베이거스의 중심이 다운타운에서 스트립으로 급격하게 이동하게 되었고, 그 후 2007년 팔라쪼(Palazzo) 호텔 오픈, 2008년의 Wynn 및 Encore 호텔, 2009년 City Center, 2010년 12월 390억 달러 규모의 프로젝트로 추진된 Cosmopolitan 호텔의 개장에 이르기까지 그동안 마피아와 도박의 이미지를 벗기 위해 컨벤션 산업으로 다각화하고, 지속적인 복합리조트의 개발로 가족형 고객을 유치하기 위해 변신의 변신을 거듭한 결과, 테미를 가진 엔터테인먼트 도시, 가족이 함께 즐길 수 있는 도시로 인정받으면서 하나의 복합리조트를 넘어 복합 도시로 성장하였고, 연간 4천만 명이 방문하는 세계 최고의 관광도시로 성장하였다.

연대별 라스베이거스 주요 역사

시기	주요내용
1700년대	스페인 상인들이 LA로 가면서 며칠씩 쉬어가는 중간 기착지로 라스베이거스를 이용. 이들이 쉬면서 물과 풀이 많다며 LASVEGAS (스페인어로 '목초지' 라는 뜻임) 라고 불리게 되었음.
1800년대	몰몬 교도 30여 명이 인디언들을 개종시키기 위해 라서베가스에서 거주 및 생활
1900년대	라스베이거스는 몰몬교들이 LA로 가는 중간 기착역으로 발전하기 시작, 주요 산업은 농업
1905년	LA에서 솔트레이크 시티와 열차가 연결되면서 사막 한가운데 물을 공급하는 중요한 철도 기착지의 역할을 하면서 타운이 형성되기 시작함. 이때부터 타운에 카지노, 호텔 등이 들어서기 시작
1930년대	네바다주에서 카지노장의 도박이 합법화되고 후버댐 건설이 시작되면서 인구가 급격히 유입. 처음에는 6개 호텔 카지노장에서 게이밍 라이센스를 발급하여 영업 시작
1940년대	다운타운에 프론티어, 골든누겟, 플라밍고 호텔(마피아두목 벅시 시설 운영) 등의 카지노 호텔 등이 오픈
1950년대	국제공항이 오픈하고 4년제 대학(UNLV)이 설립되면서 인구는 12만 명 이상 거주
1960년대	수많은 호텔 카지노(포퀸, 씨저스, 프론티어, 힐튼 등) 오픈
1970년대	연간 카지노 수입 10억 달러 초과 달성
1980년대	스티브 윈의 등장과 함께 테마를 가진 엔터테인먼트의 도시로 변경하면서 가족이 즐길 수 있는 도시로의 변신에 성공, 세계최고의 관광도시로 성장
1990년대	라스베이거스의 중심이 다운타운에서 스트립으로 급격히 이동 (벨라지오, MGM, 룩소, 베네시안 등 대형 카지노 호텔의 스트립 등장)
2000년대	컨벤션 산업의 메카로 변신
2010년대	라스베이거스 성장 정체 등으로 아시아 지역 자본 투자 진출 (마카오, 싱가포르 등)
2013년~	기존 랜드 베이스 카지노 한계 인식, 온라인 카지노 합법화 추진

○ 인구 및 관광객 수

1859년 네바다 주의 주변 지역 인구가 200명에 불과하던 것이 컴스톡 로드에서 은광이 발견되고 계속해서 금광이 발견되면서 주변

지역의 인구가 일거에 2만 명까지 증가하게 되었다.

그 당시 컴스톡 로드의 근교도시 버지니아시티(Virginia City)는 남성 150명당 1개의 술집과 카지노살롱이 있었고, 남성 253명에 1명꼴로 매춘을 직업으로 하는 여성들이 있었다고 전해 내려온다(Sawyer and Collins, 1991). 젊은 단순 노동자들이 주종을 이루었기 때문에 그들은 여유자금만 생기면 술, 도박, 여자와 관련된 유흥행위를 하였다고 한다.

1929년 경제 대공황을 맞으면서 네바다 주의 금, 은, 동광 생산량이 줄어들면서 인구가 급격히 감소하였다. 결국 1931년 3월 19일, 네바다 주에서 총괄적인 갬블 합법화 법안(General Gambling Law)이 통과되었으며, 이와 거의 동시에 이혼 및 결혼 간소화안도 가결되었다. 이 법률에 의해 단 6주일 만에 이혼이 가능하게 되었는데, 현재에도 라스베이거스에서는 연간 수십만 쌍이 결혼하고 또 이혼을 한다고 한다. 인생의 전환점이 되는 도시인 것이다.

1931년 4월, 후버댐 건설이 착공되면서 다수의 노동자가 인근지역으로 이주하게 되었고, 이로 인해 인구가 급격히 증가하면서 라스베이거스는 성장의 계기가 되었다. 약 30실의 호텔이 백년 만에 14만 개가 넘는 호텔들의 시발점이 되고, 약 260여 개의 키지노가 들어서 있는 도시로서 클락카운티는 인구 200만 명, 관광객 4,000만 명의 거대 관광도시로 성장하게 되었다.

탄생 100년 만에 인구가 600배 이상 증가한 사례는 전 세계 역사상 찾아보기 어려운 사례이다. 그야말로 인구증가에 있어서도 "대박(잭팟)"을 터뜨린 셈이다.

연도	인구수		관광객 수	컨벤션 이용객
	라스베이거스	클락카운티 (네바다주)		
1911	800	3,321	–	–
1930	5,165	8,532	–	–
1960	64,405	127,016	–	–
2012	596,424	2,000,759 (2,758,931)	39,727,022	4,944,014

자료: 라스베이거스 인구센서스 및 방문객 참조.

○ 카지노 허가정책

네바다 주는 1931년을 기점으로 세수확보, 고용창출, 관련 산업파
급효과 촉진 등 지역개발 및 지역경제 활성화를 이유로 카지노를 허
가했으며, 주정부가 통제 및 인허가권을 가지고 있다.

카지노산업을 통제하기 위해 450명 규모의 Nevada Gaming Control
Board를 별도로 조직하여 카지노 관련 법률제정, 기업 규제, 관리,
감독, 회계감사 업무를 수행한다.

네바다 주는 네바다 수정법(NRS chapter 463)에 의거하여 허가를
교부받으면 주내의 어디에서든지 자유롭게 카지노를 경영할 수 있다.

운영허가권 부여의 자격 요건은 정직성, 성실성, 평판, 사업 운영
에 대한 경영능력, 재정 안정성, 사업운영에 필요한 자금 형성의 합
법성 및 출처 등이다.

감독기구	State Gaming Control Board	Nevada Gaming Commission
설립연도	1955	1959
소속	법무부 법무장관실 소속	법무부 법무장관실 소속
관련법령	Nevada Gaming Control Act	Nevada Gaming Contral Act
위원 인원	3인	5인
주요 역할	−게이밍 관련 허가신청자 조사 −인·허가의 취소 여부 조사 −게임의 규정제정, 실시 여부 조사 −게이밍 감시, 세금납부 감사 실시 −게이밍 관련 법집행 담당	−카지노면허 발급의 최종결정권 −게임 관련 법규를 제정하는 기관
기타	State Gaming Control Board는 카지노 허가권신청자를 Nevada Gaming Commission에 추천	

자료: 주요 외국 사행산업 규제 및 경향에 대한 비교법적 고찰, 사행산업 통계집, 사감위.

State Gaming Control Board에서 카지노 허가 신청자의 자격요건을 조사하여 Nevada Gaming Commission에 추천하면 Gaming Commission 에서 면허 발급을 최종 결정하는 이원적 체계로 운영되고 있다.

국내 카지노는 아직 면허 양수양도에 관한 제한이 이루어지 않는 것에 비해 네바다 주의 면허는 철회될 수 있는 특권으로 면허 취득자 가 기득권을 가지는 것이 아님을 법령에 명시하고 있으며, Commission 에 따르지 않는 양도나 면허 연계 금융거래 등은 불법으로 규정하고 있다.

네바다 주는 카지노 기업 매출총액의 4.5∼6.75%를 주 Gaming Tax로 부과하고 있으며, 추가 1%를 카운티의 세금으로 징수하는 등 총7.75%의 Gaming Tax를 부과하고 있다.

한편, 호텔 수익의 10∼13%를 세금으로 부과해 관광, 컨벤션 진 흥 및 카운티, 주정부세로 사용한다.

○ 고용 및 지역경제 활성화 효과

2009년 기준 네바다 전역에는 약 260개의 카지노가 있으며, 17만 7,397명이 고용되었고, 호텔 등 리조트까지 고려할 경우 약 30만 명이 고용되어 있다. 네바다 주 전체 고용의 27%를 차지하고 있다.

카지노 종사자의 팁과 복리후생을 포함한 임금 총액은 79억 8,900만 달러(한화 약 9조 원)에 달하며, 카지노 기업이 납부한 세금총액은 8억 315만 달러로 주정부는 이 금액을 교육, 주정부 운영, 게임 중독증 치료, 정부펀드 조성 등으로 사용한다.

라스베이거스에서 가장 세금을 많이 낸 10대 기업 중 6개 이상이 카지노 관련 사업체가 차지하고 있다.

○ 주요 카지노 기업

미국 기업의 시가총액 1~5위의 카지노 기업을 살펴보면 1위는 Las Vegas Sands로 2011년 말 매출 94억 불(한화 10조 원), 영업이익 28억 불(한화 3조 원)의 실적을 기록하고 있다.

미국 주요 기업(시가총액 순, 2011년 말 기준)

회사명	카지노 수	시가총액 (US$)	시가총액 순위	2009~11년 평균매출 성장률	2011년 매출 (US$백만)	2011년 영업이익 (US$백만)
Las Vegas Sands Corp.	6	34.8B	1	28.9%	9,411	2,841
Wynn Resorts Ltd.	2	10.3B	2	20.8%	5,270	1,008
MGM Resorts International	19	4.8B	3	2.9%	7,849	550
Penn National Gaming Inc.	25	3.0B	4	3.0%	2,742	500
Caesars Entertainment Corporate	46	899.7M	5	−4.4%	8,835	876

자료: 한국형 카지노 모델설정과 개발 방향, 미국 카지노 재무현황 재정리.

2008년 미국 금융위기에도 불구하고 마카오(2004년 Sands Macao, 2007년 Venetian Macao, 2008년 Four Seasons, 2012년 Sands Cotai Central), 싱가포르(2010년 Marina Bay Sands) 등 카지노산업이 성장하고 있는 아시아 지역에 진출하였기 때문으로 2010년, 2011년 각 48.4%, 34.%의 매출 신장을 실현하였다. 매출비중은 마카오 57%, 싱가포르 32%, 미국 11%로 매출의 약 90%를 마카오와 싱가포르에서 실현하고 있다.

2위는 Wynn Resorts Ltd.로서 Wynn Resorts는 카지노 업장 수는 2개로 적으나, 시가총액 2위를 차지하고 있다.

2011년 매출액은 52억 불, 영업이익 10억 불, 당기 순이익 5억 불로 영업이익률 19.1%, 당기순이익률은 11.6%로 전년도의 14.9%, 3.8%에 비해 증가하였다.

2006년 9월 마카오에 Wynn Resorts를 오픈한 이래 마카오 실적에 힘입어 매출의 꾸준한 증가를 달성하였으며, 마카오의 매출 비중이 지속 증가하여 2009년 60%에서 2011년에는 72%에 이르러 중국시장 의존도가 심화되고 있는 상황이다.

2012년 코타이 지구의 카지노 개발 허가를 획득하여 마카오에서의 영업이 더욱 확대될 예정이다.

Wynn Resorts의 연도별 매출액

순매출	2009		2010		2011	
	백만 불	비중	백만 불	비중	백만 불	비중
Las Vegas	1,230	40%	1,296	31%	1,481	28%
Macau	1,816	60%	2,889	69%	3,789	72%
TOTAL	3,046	100%	4,185	100%	5,270	100%

3위는 MGM Resorts이다. MGM Resorts는 2000년 Mirage를 합병하고, 2005년 Mandalay Resort를 합병하면서 미국 내 19개 업장을 운영하고 있으며(City Center, Silver Legacy, Grand Victoria는 50% 지분), 2007년 50%의 지분으로 마카오에 진출하여 MGM Macau를 운영하고 있다.

2011년 이전까지는 지분법 회계방식에 따라 Macau의 실적이 재무재표상 반영되지 않았으나, 2011년 6월 1%의 추가 지분을 확보하여(지분율 51%) 2011년부터 연결재무제표에 실적이 반영되어 전년 대비 30%의 매출 증가와 당기순이익 흑자를 나타내고 있다.

또한 베트남 카지노 라이선스를 취득한 캐나다의 Asian Coast Development Ltd.와 함께 베트남의 첫 번째 복합리조트(IR) MGM Grand Ho Tram 프로젝트가 현재 진행 중으로 2013년 개장 예정이다.

4위는 Penn National Gaming Inc.로 북미에 총 27개의 카지노 및 경마장을 운영하고 있다. 대중시장을 타깃으로 하는 영업정책으로 슬롯머신 영업에 초점을 두고 있으나(2011년 기준 총 머신 수 27,749, 테이블 수 603) 시장이 성숙하고 경쟁이 심화됨에 따라 미국 내 신규 카지노 허가가 예상되는 지역 진출, 기존 운영 중인 경마장에 테이블 게임을 도입 하는 등 변화를 모색하고 있다.

업장이 미국 내 12개 주에 걸쳐 분포하여(라스베이거스 1곳, 일리노이, 미주리 등; 캐나다 2개 업장) 특정 지역에 대한 의존도가 상대적으로 낮고, 2011년에는 동부지역의 실적 호조에 힘입어 흑자 전환을 달성하였다.

5위는 46개의 카지노를 운영하고 있는 Caesars Entertainment사로 카지노 업장 수 기준 최대 기업으로 2010년까지 매출 기준 세계최대였으나, 2011년에는 매출 88억 불로 98억 불을 기록한 Las Vegas Sands에 1위를 내주었다.

경쟁사인 Wynn, MGM, LV Sands가 마카오, 싱가포르에 성공적으로 진출하면서 매출 및 영업이익이 향상된 것에 비하여 Caessars는 이에 실패함에 따라 2008년 금융위기 이후 실적 부진을 면치 못하고 있다.

한국의 영종도 투자 등을 통해 성장 동력을 모색하고 있으나 199억 달러의 장기 채무 등 과도한 부채로 인하여 현재 유동성 위기 상황이라고 한다. 카지노 업장 수가 무조건 많아야 좋은 것은 아니며, '끊임없이 시장상황에 적응해야 살아남을 수 있다.'라는 경영의 원리에 카지노 시장도 예외는 아니다.

○ 카지노 운영 현황 및 전망

라스베이거스에는 총 79개의 카지노가 운영되고 있다(스트립에 31개, 스트립 주변 10개, 다운타운 13개, 기타 25개).

라스베이거스 스트립에는 Aria, Bellagio, Cesar's Palace, Cosmopolitan, Encore, Mandalay Bay, MGM Grand, Mirage, Palazzo, Venetian, Wynn 등 우리에게 익숙한 카지노들이 들어서 있으며, Slots – a – Fun을 제외한(Slots – a – Fun은 카지노만 운영하는 곳) 주요 카지노들은 카지노뿐만 아니라 MICE를 기반으로 한 최고급호텔, 비즈니스 컨벤션 시설, 쇼핑몰, 레스토랑, 공연장, 워터파크, 엔터테인먼트 등 복합 리조트(Integrated Resort) 형식으로 개발 및 운영되고 있다.

2012년 기준 카지노 방문객 수는 약 3,300만 명 정도로 전체 방문객의 84% 수준이며, 평균 체류일 수는 3.3일, 평균나이는 45세 정도로 나타났다.

라스베이거스 호텔 및 모텔의 객실 수는 총 15만 481실로 호텔 및 모텔의 객실 점유율은 84.4%이며, 그중 해외 관광객의 비중은 17% 정도로 나타났다. 1인당 평균 소비금액 중 갬블링에는 $485을 소비하여 숙박비용 $108보다 4.5배 정도 더 소비하는 것으로 나타났다.

라스베이거스 카지노 관련 통계

구분	2012년 기준 통계
연간 방문객 수	총 39,727,022명
평균 체류일 수	3.3일(평균 나이 45세)
관광객 평균 비용	숙박 $108, 겜블링 $485
호텔·모텔 객실 수	총150,481실
호텔/모텔 객실 점유율	84.4%(주중 78.2%, 주말 88.8%)
컨벤션 개최 수(방문객)	총 2만 1,615회(4,944,014명)
해외 관광객 비율	17%
클락카운티 게임수입	$9,399,882,000

자료: Las Vegas Convention and Visitors Authority 통계.

한편, 네바다 주의 카지노 매출액은 2007년 192억 불에서 2010년 159억 불로 17% 감소하였으며, 2010년 기준 라스베이거스 스트립과 다운타운의 카지노 게임 매출액 역시 2007년 72억 불에서 2010년 62억 불로 13%가 감소하였다. 2007년을 정점으로 매출액이 점차 감소하고 있는 추세였으나, 2012년 다소 회복한 상황이다.

연도별 카지노 게임 매출액(2007~12)

(단위: 천 불)

	2007	2008	2009	2010	2012
Clark County	10,868,029	9,796,970	8,833,902	8,908,690	9,399,882
Strip	6,827,613	6,120,653	5,550,206	5,776,569	6,207,229
Downtown	632,929	582,461	523,819	493,392	509,144
Boulder Strip	927,698	836,596	786,085	757,027	796,714
Total	19,256,269	17,336,680	15,694,012	15,935,686	16,912,969

자료: Las Vegas Convention and Visitors Authority 통계, 카지노 수익.

위치별 라스베이거스 카지노 업체 현황

스트립(31개)	스트립 주변(10개)	다운타운(13개)	그 외 지역(25개)
Aria	스트립 동쪽	프레몬트지역	동부지역
Bally's	Ellis Island	Binion's	Arizona Charlie's East
Bellagio	Hard Rock Hotel	Fitzgeralds	Boulder Station
Bill's Gambling Hall	Hilton	Four Queens	Eastside Cannery
Caesar's Palace	Hooters	Fremont	Longhorn Casino
Casino Royale	Terrible's	Golden Gate	Sam's Town
Circus Circus	Tuscany	Golden Nugget Plaza	
Cosmopolitan	Westin	Vegas Club	서부지역
Encore			Arizona Charlie's
Excalibur	스트립 서쪽	그 외 다운타운 지역	Gold Coast
Flamingo	Palace Station	California	Orleans
Harrah's	The Palms	El Cortez	Rampart
Imperial Palace	Rio	Gold Spike	Red Rock
Luxor		Main Street	Suncoast
Mandalay Bay		Station	Wild Wild West
MGM Grand		The Western	
Mirage			북부지역
Monte Carlo			Aliante Station
New York New York			Bighorn Casino
O'Sheas			Cannery Casino
Paris			Fiesta Rancho
Palazzo			Jerry's Nugget
Planet Hollywood			Poker Palace
Riviera			Santa Fe Station
Sahara			Silver Nugget
Slots-a-Fun			Speedway Casino
Stratosphere			Texas Station
Treasure Island			Wildfire
Tropicana			
Venetian			남부지역
Wynn			Silverton
			South Point

자료: 2012. 12. 기준 Las Vegas Convention and Visitors Authority 통계.

○ 성공 배경 및 원인

라스베이거스가 이렇게 급속히 성장할 수 있었던 사회적 이유를 든다면 첫째는 후버댐 건설이었다. 댐 건설로 인구가 급격히 증가되었고, 물이나 전기를 안정적으로 공급받을 수 있는 기반이 마련되었다.

둘째는 혁신적인 기술과 관련한 에어컨의 보급이었다. 라스베이거스는 평균기온 30도 이상, 대낮에는 40도를 넘나들어 생활하기에 쾌적한 환경은 아니다. 그러나 에어컨의 보급은 이런 환경을 단숨에 바꾸어 버렸다.

셋째는 교통수단의 발달을 들 수 있다. 20세기 초반에 자동차 보급이 시작되면서 미국 전역에서 자동차로 방문할 수 있게 되었으며, 더불어 항공로의 개설로 LA에서 약 1시간 소요 등 주요 도시에서 빠른 시간 내에 도착이 가능하였다.

넷째는 주변 도시인 로스앤젤레스의 발전을 들 수 있다. 로스앤젤레스는 미국 제2의 인구를 가지고 있는 대도시로서 할리우드를 중심으로 한 영화가 발전하면서 많은 인구가 유입되었고, 인접도시인 라스베이거스는 그와 더불어 쇼 비즈니스를 중심으로 유명해질 수 있었다.

굳이 다섯 번째를 든다면 이혼법의 제정으로 이혼 간소화를 통해 인생의 새 출발이 가능하였고, 매춘 합법화 등 사회적 제도 역시 관광도시로 성장하는 데 기여한 바가 크다 할 수 있다.

라스베이거스 McCarran International 공항,
그 뒤로 만달레이 베이 호텔, 룩소 호텔이 보인다.

○ 주요 카지노 호텔 리조트 현황

라스베이거스의 카지노는 숙박시설인 호텔을 기반으로 건설되었다고 할 수 있는데 각각의 호텔은 초특급, 특급, 1급, 기타로 구분할 수 있다. 초특급호텔로는 Wynn, Bellagio, Venetian, Mandaly Bay, Caesar's Palace의 5개 정도이고, 특급호텔은 Mirage, MGM GRAND, Paris, Aladdin/Planet Hollywood, New York New York, Treasure Island, Luxor의 6개 정도이다.

1급호텔은 Flamingo Las Vegas, Bally's, Monte Carlo, Excalibur, Harrah's의 5개 정도이며, 그 외 Tropicana, Imperial Palace, Stratosphere, Circus Circus, New Frontier, Sahara, Riviera가 있다.

다운타운의 호텔은 Golden Nugget, Four Queens, Fremont, The Plaza

등이 있고, 스트립 외곽의 특급호텔로는 Rio, Palms, Hard Rock이 있다.

2012년 기준 클락카운티에는 호텔과 모텔을 포함하여 162,559실이 있다.

그중 라스베이거스에는 150,481실(92.6%)이 있는데, 열대 트로피카나를 테마로 한 미라지, 중세 기사단을 테마로 한 엑스칼리버, 보물섬의 해적을 테마로 한 트레저 아일랜드, 고대 이집트를 테마로 한 룩소, 오즈의 마법사를 테마로 한 MGM 그랜드, 지중해를 테마로 한 몬테카를로, 미국 맨해튼을 테마로 한 뉴욕 뉴욕, 이탈리아 코모호를 테마로 한 벨라지오, 열대 파라다이스를 테마로 한 만달레이 베이, 이탈리아 베니스를 주제로 한 베네시안, 프랑스 파리를 테마로 한 파리스 등 시간과 공간을 넘어서는 각종 테마를 가진 건축물들로 가득한 것이 특징이다.

호텔 내부에는 레스토랑과 바, 스파, 수족관, 공연장 및 각종 테마파크, 어뮤즈먼트 파크, 비디오 아케이드, 어트랙션 시설물들이 갖추어져 있고, 비즈니스를 위한 컨벤션 및 회의시설을 포함하여 쇼핑을 위한 아울렛에서 고급 브랜드까지 다양한 복합시설물들이 구비되어 있고, 스포츠 행사로 골프, 테니스, 수영, 자전거, 스쿼시, 승마, 등산, 하이킹, K-1, 복싱 등 다양한 이벤트가 열리며, 공연장에서는 각종 쇼, 등 공연과 볼거리가 넘쳐난다

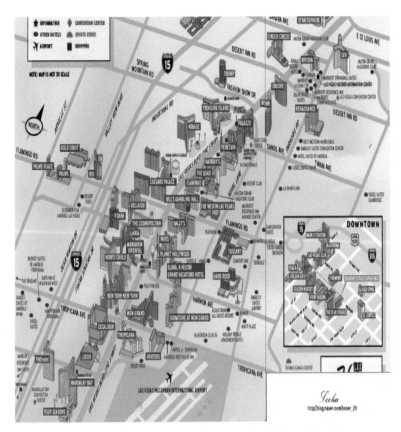

만달레이 베이 호텔을 시작으로 수십 개의 호텔이 들어서 있다.
라스베이거스 스트립 및 다운타운 Map

테마: 숲속의 아시아, 황금색 유리로 장식된 외관, 4,752개 객실 보유

Mandalay Bay Hotel & Resort(만달레이 베이)

LA방향에서 15번 Fwy를 타고 라스베이거스 스트립에 진입하면 처음으로 맞이하는 대형호텔로서 황금색의 유리로 장식된 화려한 외장의 호텔이다. 1999년 오픈을 했으며, 숲속의 아시아를 테마로 하여 처음에 39층, 객실 수 3,300개로 출발을 했으나, 2003년 4,422 객실로 증축하였고 현재는 2개의 호텔에 4,752개의 객실을 보유하고 있다.

사막 한가운데의 호텔 이름에 Bay가 들어간 이유는 투숙객만이 이용할 수 있는 카리브풍의 인공해변인 1만 4천 평 규모의 Mandalay Beach에 파도풀, 유수풀, 폭포 등을 갖추고 있기 때문이다.

이 호텔의 컨벤션 센터는 93,000㎡ 면적으로 라스베이거스 컨벤션 센터와 별도로 독자적인 이벤트가 자주 열리며, 그 외에도 1,800 석의 공연장인 HOUSE OF BLUES에서는 아바의 히트곡들과 함께

해질 무렵 만달레이 베이 모습

하는 'Mamma Mia'라는 브로드웨이 뮤지컬이 공연되는 등 다양한 공연이 열린다.

카지노 영업장 면적 135,000 sq. ft.에 머신기기 1,700대와 테이블과 포커게임 120대를 운영하고 있다. 우리나라 연예인 손모씨 가족이 100억 원의 잭팟을 터뜨린 카지노장이기도 하다.

만달레이 베이 비치 및 HOUSE OF BLUES 공연장

Luxor Hotel and Casino(룩소)

룩소 호텔은 집트를 테마로 한 피라미드 모양의 건축물로서 총 4,400개의 객실을 갖추고 있으며, 1993년 오픈하였다.

스핑크스의 배가 호텔의 입구이고, 입구로 들어가면, 30층이 넘는 거대한 피라미드 전체가 호텔로 구성되어 있는데, 야간에는 반짝이는 검은 유리창 외벽으로 둘러싸인 호텔 중간에서 하늘을 향해 할로겐 빛을 쏘아 올린다. 이 빛은 라스베이거스로 향하는 고속도로 20마일(30km정도) 밖에서도 보인다고 하여 라스베이거스로 향하는 이들에게 이정표가 되기도 한다.

내부의 인테리어도 마치 이집의 왕궁이나 신전을 연상시키며, 카지노 영업장 면적은 120,000 sq. ft.로 2,000대의 머신기기와 85대의 테이블과 포커 게임을 운영하고 있다.

테마: 이집트 피라미드, 객실 수 4,400개

Excalibur Hotel(엑스칼리버)

엑스칼리버 호텔은 동화 속의 중세 유럽의 성을 그대로 옮겨 놓은 듯한 콘셉트로 가족단위의 여행객들이 좋아하는 호텔로서 1990년에 오픈하였다. 스트립의 1급 호텔 중 비교적 저가의 호텔로서 5개의 레스토랑과 1개의 호텔에 총 3,981개의 객실을 보유하고 있다. 만달레이베이와 룩소 호텔을 잇는 무료 트램이 운행되고 있으며 호텔 2층을 통해 룩소 호텔로 이동할 수 있는 Walk way가 있다.

실제로 말을 탄 아더왕과 중세 유럽의 기사들이 출연하여 주인공을 중심으로 다양한 스펙터클한 전투장면을 연출하는 Tournament of Kings가 유료 쇼로 공연되기도 한다.

Casino 영업장 면적은 100,000 sq. ft.에 1,700대의 머신기기와 72대의 테이블과 포커 게임을 운영하고 있다.

테마: 동화 속의 중세 유럽성, 3,981개 객실

New York, New York(뉴욕 뉴욕)

1997년에 오픈한 뉴욕 뉴욕 호텔은 자유의 여신상을 중심으로 뉴욕 맨해튼의 모습을 30층 규모로 축소해 놓은 곳으로, 엠파이어 빌딩, 타임스퀘어, 브로드웨이와 브룩클린 브리지 등 외형뿐 아니라 내부의 인테리어도 뉴욕의 모습을 그대로 재현한 건축물이다. 건물 외곽에는 최고 시속 67마일로 뉴욕 택시 모습을 하고 호텔 주위를 한 바퀴 도는 롤러코스터(Manhattan Express Roller Coaster) 시설이 있다.

아케이드, 컨벤션과 미팅룸, 댄스장, 기념품샵, 쇼핑몰, 수영장, 웨딩홀 등을 갖추고 있으며, 뉴욕 스테이크를 맛볼 수 있는 레스토랑과 바, 그리고 2,024실의 객실을 갖추고 있다.

Casino 영업장은 84,000 sq. ft.로 2,000대의 머신기기와 69대의 게임테이블을 운영하고 있다.

테마: 자유의 여신상을 중심으로 뉴욕의 맨해튼 도시 모습, 객실 2,024실

MGM GRAND(엠지엠 그랜드)

MGM 그랜드호텔은 1993년 12월 8일에 오픈한 호텔로서 총대지 면적 43만 4천4백 평에 세워진 30층짜리 건물이다. 아케이드(30,000 sq. ft.), 연회장, 컨벤션과 회의실, 헤어 살롱, 쇼핑몰, 스파, 수영장 (144,000 sq. ft.), 웨딩홀 등을 갖추고 있으며, 평균 면적 약 1백64평의 스위트룸 761개, 스탠더드 객실 4,254개와 29개의 빌라로, 총 5천44개의 객실을 보유하고 있다.

MGM 그랜드호텔은 밤이 되면 초록색으로 변하는 호텔 외관과 함께 할리우드의 황금시대를 테마로 한 호텔 입구에는 MGM 영화사의 상징인 10만 파운드의 무게와 45피트가 넘는 대형 사자 동상이 있다.

2만 명을 수용할 수 있는 실내극장 겸 특설링인 The Grand Garden Arena에서는 홀리필드와 타이슨의 타이틀전이 벌어졌던 곳으로 시저스팰리스의 특설링과 함께 복싱 세계타이틀전이 가장 많이 열리는 장소이며, 740석 규모의 Hollywood Theatre에서는 데이비드 카퍼필드의 마술쇼를 비롯하여 각종 유명뮤지션들의 공연이 열리기도 한다. 가동 중인 엘리베이터 수만도 총 93대에 이르며, 전체 종업원 수는 약 1만 명에 육박한다.

테마: 할리우드의 황금시대, 5,044객실의 MGM GRAND Hotel의 전경과 야경

KA쇼 홍보 게시물   KA쇼 공연모습

라스베이거스 10대 쇼 중 하나인 KA쇼는 태양의 서커스가 펼치는 모험이야기로 'KA'란 고대 이집트에서 믿던 인간의 마음에 깃든 여러 영혼을 총칭하는 말이라고 하며, 서로 떨어져 살게 된 쌍둥이 남매가 운명에 이끌리어 위험한 여행을 떠나면서 이야기가 전개되는 내용이다. 3년 이상의 긴 제작 시간과 2,500만 달러가 소요되어 만들어진 카쇼는 하루 4,000여 명이 관람한다고 한다.

카지노 영업장 면적은 170,000 sq. ft.에 2,500대의 머신 게임기기와 193대의 테이블과 포커게임을 운영하고 있다. 4,000 sq. ft.에 달하는 포커룸을 개장하여 많은 포커플레이어들이 선호하는 곳이기도 하다.

Bellagio Hotel & Resort(벨라지오)

Bellagio는 1998년에 이탈리아의 Bellagio(이탈리아에 있는 코모호 반근처의 도시이름)를 테마로 한 호텔로서 총 44만 평방미터의 부지에 16억 달러를 들여 스티브 윈이 만든 라스베이거스 최고급 호텔이다. 전 세계에서도 다섯 손가락 안에 꼽히는 호텔로서 현재의 소유

테마: 이탈리아 코모호, 3,005객실, 벨라지오 호텔의 야간 분수쇼

주는 MGM/Mirage 그룹이다.

호텔 앞에는 이탈리아의 코모호수를 모방한 약 3만 평방미터의 인공호수가 있고, 라스베이거스 최고의 무료 어트랙션이며 스트립의 상징처럼 되어 버린 분수쇼와 사계절 다른 모습으로 아름다움을 뽐내는 최고의 실내정원인 Conservatory & Botanical Gardens 등이 있다.

Bellagio 카지노 영업장은 100,000 sq. ft.로서 전체 부지면적의 3.2% 정도의 공간이며, 2,400대의 머신게임기기와 188대의 테이블과 포커게임을 운영하고 있다. 하이리밋 포커존을 운영하는 것이 특징이다.

테마: 에펠탑과 개선문을 본 떠 프랑스 파리 재현, 객실 수 2,916실

Paris Hotel(파리스)

스트립 중앙에 위치한 파리스 호텔은 50층 높이의 에펠탑과 개선문을 본떠 프랑스 파리를 재현한 호텔로서 1999년에 오픈하였다. 에펠타워는 프랑스 파리의 에펠탑을 반 정도 크기로 축소해서 건설되었으며, 에펠타워 뒤쪽의 호텔 옥상에는 팔각형의 야외 수영장이 있다.

카지노 영업장은 호텔 1층에 있으며, 컨벤션과 미팅룸, 무료 주차장, 무료 발렛 파킹, 기념품점, 헬스클럽, 주류판매장, 쇼핑몰, 스파(25,000 sq. ft. Paris Spa.), 수영장, 테니스장, 웨딩홀 등 부대시설과 2,916개의 객실을 갖추고 있다.

카지노 영업장은 95,300 sq. ft. 공간에 1,200대의 머신기기와 80대의 테이블 게임을 운영하고 있다.

테마: 로마제국, 5개의 타워로 이루어진 호텔, 객실 3,954실

Caesars Palace(시저스 팰리스)

1966년 오픈한 시저스 팰리스는 5개의 타워로 이루어진 호텔로서 로마제국을 테마로 건축되었다. 리조트 호텔의 개념을 도입하여 만들어진 최초의 호텔로서, 1996년 벨라지오가 생기기 전까지 30년간 라스베이거스 최고의 호텔로서 자리를 지켜왔다.

씨저스 팰리스는 이름에서 풍기듯 로마시대를 연상하게 하는 웅장한 외관과 실내 장식으로 이루어져 있고 호텔 종업원들도 로마시대의 복장을 하고 있으며, 해라스 그룹 호텔 중 최고등급의 호텔이다.

4,180석 규모의 Colosseum 공연장에서는 일정에 따라 엘튼 존을 비롯한 세계적인 유명가수의 공연을 볼 수 있으며, 이곳의 명물 Forum Shop은 라스베이거스 최고의 쇼핑몰로서 160여 개의 고급스럽고 값비싼 명품숍이 있다.

한국의 비운의 복서 김득구 선수가 맨시니에게 도전했다가 14회 KO

카지노 영업장 레이아웃　　　　카지노 영업장 테이블 게임기

패한 뒤 사망한 곳이 이 시저스 팰리스 호텔의 특설링이었으며, 영화 톰 크루즈와 더스틴 호프먼 주연의 "레인맨"의 촬영장소이기도 했다.

　카지노 영업장은 136,500 sq. ft.에 1,400대의 머신게임기기와 182대의 테이블과 포커게임을 운영하고 있다.

The Mirage(미라지)

테마: 트로피카나/열대, 객실 수 3,044실

라스베이거스에서 가장 아름다운 호텔로 손꼽히는 미라지 호텔은 1989년 스티브 윈이 폴리네시안 열대림을 콘셉트로 건축한 호텔로서 2000년 MGM그룹이 인수하였다. 부대시설로는 12개의 레스토랑과 2,763개의 스탠더드 객실과 281개의 스위트룸을 포함하여 총 3,044객실을 보유하고 있다.

이 호텔은 5,000명을 수용할 수 있는 컨벤션 센터를 비롯하여 대형수영장을 가지고 있으며, 라스베이거스 3대 무료어트랙션인 화산쇼를 연출한다. 또한 Secret Garden and Dolphin Habitat은 라스베이거스 최고의 유료어트랙션 중의 하나로, 돌고래 쇼를 비롯해 백사자, 백호, 표범, 백표범, 황금색호랑이 등 희귀한 야생 동물들을 볼 수 있다.

The Mirage 호텔의 카지노 영업장은 100,220 sq. ft.에 1,742대의 머신 게임기기와 144대의 테이블과 포커게임을 운영하고 있다.

Treasure Island(트레저 아일랜드)

스티브 윈이 1993년 4억 3천만 불을 들여서 만든 호텔로서 부대시설로는 10개의 레스토랑과 바, 그리고 2,884개의 객실을 보유하고 있다.

트레저 아일랜드는 보물섬이 테마이며 미라지의 화산쇼와 함께 이 호텔의 상징인 해적선 쇼는 수백만이 관람한 라스베이거스 최고의 이벤트 중의 하나로서 호텔 앞 호수에서 무료로 공연된다.

이 쇼는 영국 군함과 해적선이 전쟁을 치르다가 해적선과 영국군함이 아닌 남자와 여자가 대결을 벌리는 성인용 테마로 바뀌는 아주 호화로운 쇼라고 한다.

테마: 보물섬/해적, 객실 수 2,844실

카지노 영업장은 90,000 sq. ft.에 1,500대의 머신게임기기와 70대의 테이블과 포커게임을 운영하고 있다.

The Venetian(베네시안)

세계에서 가장 화려한 호텔이라고 칭송을 받고 있는 베네시안 호텔은 물의 도시 이탈리아의 베네치아를 테마로 한 호텔로서, 1996년 당시 객실 수 1,415개의 샌즈 호텔을 폭파하고 새롭게 건축한 건물이다. 15억 불을 들여 3,036개 객실의 베네시안 호텔을 1999년에 오픈하였고, 그 뒤 증축을 하여 객실 수 4,027개의 호텔이 되었다.

이 호텔 2층에는 낭만의 도시 이탈리아의 베니스를 그대로 옮겨놓은 듯한 풍경과 조그마한 수로를 따라 상점들이 즐비하게 있는 14,000여 평의 대형 쇼핑몰인 Grand Canal Shoppes가 있고, 인공 운하에서 사랑의 아리아를 부르면서 수로를 한 바퀴 돌아오는 곤돌라

테마: 이탈리아 베네치아, 객실 수 4,027실

는 베네시안의 최고의 명물로 자리 잡고 있다.

카지노 영업장 면적은 120,000 sq. ft.에 2,724대의 머신 게임기기와 304대의 테이블과 포커게임을 운영하고 있다.

Wynn Las Vegas(윈 호텔)

2005년 4월 28일 오픈한 Wynn 호텔은 라스베이거스 카지노호텔 산업의 제왕 스티브 윈이 미라지, 트레저 아일랜드, 벨라지오 호텔에 이어 스트립에 네 번째로 건설한 호텔로서 27억 불을 들여서 4년간의 공사 끝에 완공하였으며, 스트립에서 가장 높은 50층 높이의 청동색 유리로 장식된 호텔과 레스토랑, 수영장, 스파, 나이트클럽, 명품 쇼핑몰 등을 보유한 라스베이거스의 최고급의 호텔 중 하나이다.

카지노 영업장은 110,000 sq. ft.에 2,600대의 머신 게임기기와 295대의 테이블 및 포커 게임을 운영하고 있다.

50층 높이의 청동색 유리 건축물의 윈 호텔 전경, 객실 수 2,716실

부대시설로는 15개의 레스토랑, 6개의 바, Encore 호텔에 2,034개의 객실과 Wynn 호텔에 2,716개의 객실 등 2개의 호텔에 4,750개의 룸을 가지고 있다.

스티브 윈이 자신의 이름을 붙인 이 호텔을 라스베이거스의 최고급 호텔로 만들기 위해서 기존의 라스베이거스 호텔과 다른 파격적인 부대시설과 내부 인테리어로 꾸미기 위한 노력의 일환으로 라스베이거스의 호텔 중 유일하게 투숙객만이 가능한 18홀의 골프코스를 만들었으며, 객실에는 최고급의 침대, 자동으로 작동되는 커튼 컨트롤과 LCD TV, 무선전화와 팩스를 비롯해 각종 첨단 장치로 꾸며져 있고, 화장실에도 LCD TV가 설치되어 있다고 한다.

Wynn 호텔 내부 고급스런 인테리어   Wynn 카지노 내부(VIP Slot Zone)

Stratosphere Casino Hotel & Tower(스트라토스피어)

라스베이거스를 들어가면 높은 전망대 같은 것이 눈에 들어오는데 이것이 바로 스트라토스피어 카지노 호텔 & 타워(Stratosphere Casino Hotel & Tower)이다. 높이 1,149피트(350m)로 건물로 따지면 무려 109층에 해당하는 높이로 미국 내에서 제일 높은 타워다.

이곳에는 세계에서 제일 높은 롤러코스터인 하이 롤러(High Roller)와 빅샷(Big Shot)이라는 놀이기구와 2004년 오픈한 X-Screm이라

높이 350m, 스트라토스피어 타워의 야경, 객실 수 2,427실

는 놀이기구가 있다.

롤러코스터는 당연히 제일 높은 롤러코스터가 될 수밖에 없는데 이것이 타워의 건물 안에 있는 것이 아니고 타워의 바깥쪽에 있다는 것이 보기에도 아찔함과 짜릿함을 준다.

타워를 올라가기 위해서는 9불의 입장료를 내야 하며, 타워 꼭대기에 있는 'Big Sky Restaurant'은 시간당 360도 회전식으로 되어 있어 라스베이거스의 야경과 주변의 경치를 즐길 수 있다.

카지노 영업장 면적은 100,000 sq. ft.로 1,025대의 머신과 69대의 테이블과 포커게임으로 운영된다.

부대시설로는 18개의 레스토랑과 바, 호텔에는 2,277개의 스탠더드 객실과 150개의 스위트룸을 포함하여 2,427개의 객실을 보유하고 있다.

스트라토스피어 호텔 타워의 야외 놀이기구

○ 라스베이거스의 볼거리

무료로 관람 가능한 다양한 볼거리들로는 트레저 아일랜드 호텔
(Treasure Island Hotel)의 호수에서 공연하는 해적선 쇼(Sirens of TI)
와 미라지 호텔(Mirage Hotel)의 화산 폭발쇼(Volcano Eruption Show)
가 대표적이다.

트레저 아일랜드 해적선 쇼

미라지 화산 불 쇼

포럼 쇼핑숍 외부

포럼 쇼핑숍 내부

벨라지오 분수 쇼   벨라지오 분수쇼

또한, Caesars Palace의 포럼 쇼핑숍(Forum Shop)에서 쇼핑을 즐길 수 있다. 이 쇼핑몰은 1992년 개장 후 세 번째 확장공사를 통해 526,000평방피트 공간에 총 부띠끄와 상점들의 수가 160개에 달하게 되었으며, 13개의 음식점과 특산품상점도 있다.

라스베이거스의 상징처럼 돼 버린 벨라지오 호텔의 분수 쇼(Water Fountain Show)는 벨라지오 호텔 앞 넓은 인공호수에서 벌어지는데 조명과 함께 환상적인 분위기를 자아낸다.

벨라지오 호텔 내부   벨라지오 호텔 내부 정원

또한, 벨라지오 호텔의 실내 정원(Conservatory & Botanical Gardens)은 약 2,500평 크기의 실내 정원에 계절마다 다양한 테마로 꾸며진다.

다운타운의 전자쇼인 Fremont Street Experience는 해질 무렵부터 자정까지 매 1시간마다 볼 수 있는데, 2백만 개가 넘는 엄청난 전구로 장식되어 있으며 마치 하늘에서 각양각색의 불빛이 춤을 추는 것 같은 풍경이 연출된다.

Fremont Casino 전경   Fremont Street 전자조명 쇼

Fremont Street 전자조명 쇼   Fremont Street 전자조명 쇼

거리에서 춤추는 미녀   비니온 카지노 딜러의 딜링 모습

아울러, Fremont Street에는 각종 무대 위에서 손님들을 끌기 위해 각종 공연과 함께 미녀들이 춤을 추기도 한다.

○ 라스베이거스의 문제점 및 향후 전망

라스베이거스의 100년간의 화려한 성장 뒤에는 숨겨진 문제도 있다. 급격한 인구증가와 더불어 제일 문제가 되는 것은 기반시설의 부족이다. 그중에서도 수자원이다. MGM 그랜드 사장이 행정구역 카운티빌로 호텔 객실 억제 정책이 채택되어야 한다고 주장한 바 있듯이 일반 가정에서도 물의 절약이 의무화되어 있을 만큼 물 문제는 향후 도시의 지속 성장에 영향을 끼칠 전망이다.

인구증가와 관련된 문제로 또 하나의 문제는 학교교육의 문제이다. 라스베이거스에 사는 10대의 젊은 층의 자살률이 미국 전체에서 1위, 피임률 2위, 사망률이 4위이고 또한 비행률도 높은 편이다.

세 번째 문제는 카지노가 예전과 같이 급격히 성장하지 않고 하락세에 접어 든 것이 아닌가 하는 우려이다.

경제위기가 시작되기 전 가장 활황이었던 2007년에 비해 라스베이거스 방문객 수는 2008년에 4.4%, 2009년에 3%가 줄어들었으며, 경제위기 속에서도 신규 대형 리조트의 개장으로 인한 풍부한 객실 공급, 관광객 유치를 위한 특별 할인 프로그램 시행 등으로 인해 객실 점유율이 기존 90%에서 80%대로 감소했으며, 평균 숙박비도 98달러에서 75달러로 감소하였다가 다시 108달러로 회복하는 추세이다.

경제위기로 대형 카지노 리조트 개발 기업들이 프로젝트를 중단하거나 연기하기도 하였으며, 향후 5년간 새 프로젝트를 시작하지 않겠다고 공식적으로 밝힌 회사들도 있었다.

2011년 3월 현재 라스베이거스의 실업률은 15%이었으며, 샌즈와

스트라토스피어 호텔에서 바라본 라스베이거스 스트립의 야경

같이 동남아시아에 투자한 회사를 제외하고 많은 카지노들이 침체 위기를 맞고 있는 것이 사실이다.

한편, 온라인 게임시장이 급속도로 성장하고 있다. 이제 외출할 필요 없이 가정 내에서도 스트레스를 자연스럽게 해소할 수 있는 상황이다. 온라인 시대가 가속화된다면 기존의 랜드 베이스 카지노들의 미래는 어두울 수밖에 없다.

현재 미국의 카지노 업체들이 온라인 카지노를 합법화하고 여기에 뛰어드는 이유가 그것이다.

라스베이거스 주요 카지노 현황

구분	영업장면적 (sq ft)	게임기기 수		호텔(객실) 수
		머신기기	테이블&포커	
Aria Resort & Casino	150,000	2,000	224	1(4,004)
Bally's	66,200	1,026	75	1(2,814)
Bellagio	100,000	2,400	188	1(3,933)
Caesars Palace	136,500	1,400	182	2(3,954)
Casino Royale and Hotel	15,000	540	18	1(152)
Circus Circus Hotel Casino	101,286	1,500	49	2(3,771)
Encore Resort	72,000	694	121	1(2,034)
Excalibur Hotel and Casino	100,000	1,700	72	1(3,981)
Flamingo Las Vegas	77,000	1,390	171	1(3,545)
Fremont Hotel & Casino	32,000	1,063	24	1(447)
Hard Rock Hotel and Casino	72,000	660	92	3(1,504)
Harrah's Las Vegas Casino	90,600	1,600	92	1(2,526)
Hooters Casino Hotel	30,000	580	23	1(696)
Luxor Hotel and Casino	120,000	2,000	85	1(4,400)
Mandalay Bay Resort	135,000	1,700	120	2(4,752)
MGM Grand Las Vegas	170,000	2,500	193	1(5,044)

Monte Carlo Resort	102,200	1,600	74	1(2,992)
New York-New York	84,000	2,000	69	1(2,024)
Paris Las Vegas	95,300	1,200	80	1(2,916)
Planet Hollywood Resort	108,900	1,200	91	1(2,567)
Red Rock Casino, Resort	87,000	3,200	82	1(816)
Rio All—Suite Hotel & Casino	117,300	1,200	104	1(2,500)
Stratosphere Casino	100,000	1,025	69	1(2,427)
The Mirage	100,220	1,742	144	1(3,044)
The Palazzo Resort	102,000	1,550	139	2(7,093)
The Venetian Resort	120,000	2,724	304	2(4,027)
Treasure Island is a Casino	90,000	1,500	70	1(2,884)
Wynn Las Vegas	110,000	2,600	295	2(4,750)

자료: 인터넷, 2013. 5. 31.

(2) 마카오

연꽃을 상징으로 한 마카오 깃발

마카오는 크게 마카오반도와 타이파섬·코타이스트립·콜로안섬으로 구성된다. 총 3개의 다리로 이어진 반도와 섬은 전체가 종로구(24㎢) 정도의 크기(약 29.5 ㎢)로 택시를 타고 15분 정도면 오갈 수 있는 거리이다.

인천공항에서 매일 1개의 노선이 운항되며 3시간 40분 정도 소요된다.

마카오의 정식 명칭은 중화인민공화국 마카오특별행정구이다. 마카오는 중국 광동성의 남부, 주장강 하구 서안에 위치해 있는데 홍콩에서 약 60km, 중국 광저우에서 약 145km 떨어져 있다. 1999년 12월 20일 마카오는 포르투갈에서 중국으로 주권이 반환되었다.

2011년 기준 세계에서 인구밀도가 가장 높은 곳으로 서울시의 20분의 1 정도의 면적에 1㎢당 9,416명이 살고 있다. 자본 대비 1인당 중년인구의 GDP는 65,550US$(1인당 GDP 51,430$)로 아시아에서 가장 높다. 2011년 대비 4%가 증가한 마카오의 2012년 인구는 582,000명으로 98%가 마카오 반도에 살고 있다. 공용어는 광동어인 중국어로 전체 인구의 96.1%가 사용하고 있다.

'동양의 라스베이거스', '아시아의 작은 유럽'으로 불리는 마카오는 35개의 카지노에 28,111실의 호텔이 있으며, 세계문화유산도 30곳에 이른다.

중년인구 1인당 GDP per Capita

구분	2009	2010	2011
Hong Kong	30,562	32,374	35,156
Macau	40,121	51,999	65,550

자료: The World Bank, 2012.

○ 발전 배경 및 역사

16세기 중반 포르투갈이 무역거점으로 만든 마카오는 주강 삼각주 끝자락에 붙어 있는 작은 반도였다. 그리고 그 아래쪽의 2개의 섬은 중국이 아편전쟁에서 영국에 패하면서 전의를 잃고 있을 때 포르투갈이 무단 점령한 섬이다.

타이파 섬은 1차 아편전행 후(1852) 콜로안느 섬은 2차 아편전쟁 (1864)을 계기로 차례로 점령하였다. 현재 마카오는 마카오반도와 2 개의 섬을 말한다. 마카오의 행정특구의 깃발에 상징 연꽃 잎 3개는 이 세 지역을 나타낸다.

그러나 지금은 타이파 섬과 콜로안느 섬 사이를 매립하여 2개의 섬이 하나가 되었다. 그리고 매립한 지역을 콜로안느와 타이파의 첫 글자를 따서 "코타이"라고 부른다.

지금 라스베이거스의 카지노 재벌들이 동방의 라스베이거스를 만들고 있는 곳이 코타이 지역이다. 이곳의 이름도 "라스베이거스 스트립"의 이름을 따서 "코타이 스트립"으로 부른다.

중국이 공산화되면서 광동의 자유기업인들은 홍콩과 마카오로 이민을 하였다. 이렇다 할 산업이 없는 마카오를 유지하기 위해 포르투갈 정부는 홍콩 사람들을 상대로 한 카지노 사업을 1847년 최초로 허가하였고, 1850년대 포르투갈 정부가 마카오에 게임장 라이선스를 부여 후 1930년대 마카오 정부에 의해 운영되다가, 1962년 마카오 스탠리 호의 STDM사가 카지노운영 독점권을 획득하였다.

오락재벌 홍콩의 스탠리 호는 1962년 마카오 여행오락공사(STDM)를 설립, 리스보아 호텔을 짓고 카지노 사업을 독점하였다.

1999년 12월 20일에 마카오가 중국에 반환되면서 마카오의 포르투갈 총독이 물러가고 마카오의 초대 행정 장관으로 40대 중반의 에드몬드 호가 임명되었다.

에드몬드 호는 1962년부터 내려온 스탠리 호의 카지노 독점권을 풀었다. 이에 미국 경제의 침체와 함께 사양길에 접어든 라스베이거스 카지노 재벌들은 마카오에 컨벤션 산업을 곁들인 카지노 호텔을 건설하기 시작하였고, 2007년에만 메머드급 카지노인 마카오계의 '그랜드 리스보아'와 미국계인 '베네시안' 호텔 카지노가 개장했다.

뿐만 아니라 마카오 - 오스트레일리아계인 '크라운 마카오', 마카오 - 미국계인 'MGM 그랜드 마카오'가 개장함으로써 마카오는 세계 카지노 업계의 각축장으로 부상하였다.

2002년 4월 카지노 영업권 독점화 종식에 이어 2003년 중국은 본토 개인관광객의 마카오 방문을 허용하였고, 2007년 기준 49개 도시에서 마카오의 자유 관광을 허용하였다.

이러한 조치로 마카오 카지노 산업은 급속 발전하였다. 2007년 재정수입은 미화 총 51억 불(한화 5.6조 원)이었는데 카지노 산업이 재정수입의 70%를 충당하였다고 한다.

마카오 카지노 산업은 2006년 69억 달러의 매출액을 기록해 65억 달러를 기록한 라스베이거스를 능가하는 카지노 도시로 성장하였고, 이어 2007년에는 100억 달러를 초과하는 등 폭발적인 성장을 하였다.

2011년 마카오 내 카지노 34곳에서는 2,678억 7,000만 파타카(약 38조 5,585억 원)의 수익을 올려 라스베이거스를 무려 6배를 넘어서게 되었다.

미국 전체 갬블도시를 다 합쳐도 마카오의 갬블수입이 30% 더 많다. 마카오가 전 세계적으로 최대 규모의 카지노 도시로 성장하였다.

○ 인구 및 관광객 수

마카오의 2002년 관광객 수는 1,153만 명에서 시작하여 2006년 처음으로 2,000만 명을 돌파하였으며, 2007년에는 경제성장률 33.2% 성장이라는 경이적인 기록을 달성하기도 하였다.

2011년에는 관광객 2,800만 명(아시아 비중 97.4%)을 달성하였다. 그러나 2012년에는 전년에 비해 0.3% 증가에 그쳐 다소 주춤한 상태이다.

방문객 증가 추이

방문객 수	2002	2006	2008	2010	2011	2012
만 명	1,153	2,199	2,290	2,496	2,800	2,800

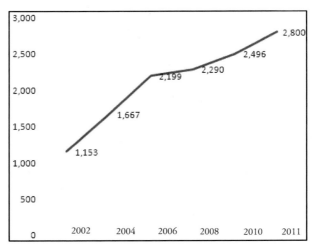

자료: 마카오통계 및 인구조사국(DSEC).

카지노 리조트와 카지노테이블은 2003년 11개, 424개에서 2011년 34개, 5,302개로 10배 이상 증가하였으며, 슬롯머신은 814대에서 15,900대로 20배 증가하였다. 객실 수도 2003년 4,572개에서 28,111실을 초과하였다. 현재는 35개의 카지노가 운영되고 있다.

마카오 인구는 스탠리호가 독점권을 획득한 1962년 182,686명에서 2012년 582,000명으로 50년 만에 3.18배 증가를 가져왔다. 그러나 2013년 6월 15일 현재 565,320명으로 2012년에 비해 다소 감소한 상태이다.

마카오 인구 추이

연도	1962	1991	2001	2011	2012
인구수(명)	182,686	355,693	435,235	552,503	582,000

자료: www.citypopulation.de

카지노 종사자는 2003년 254,000명에서 400,000명 이상으로 증가하였고, 2012년 취업 부족률은 0.8%로 거의 완전고용에 가까우며 수년째 두 자릿수의 경제 성장을 이룩하고 있다.

마카오 연간 관광객 수('09~'11)

구분	2009		2010		2011	
	계	구성비	계	구성비	계	구성비
아시아	21,084,984	96.9	24,273,409	97.2	27,287,076	97.4
중국	10,989,533	50.5	13,229,058	53.0	16,162,747	57.7
홍콩	6,727,822	30.9	7,466,139	29.9	7,582,923	27.1
타이완	1,292,551	5.9	1,292,734	5.2	1,215,162	4.3
인도	107,513	0.5	169,096	0.7	169,660	0.6
인도네시아	191,425	0.9	208,440	0.8	220,423	0.8

일본	379,241	1.7	413,507	1.7	396,023	1.4
말레이시아	332,529	1.5	338,058	1.4	324,509	1.2
필리핀	247,459	1.1	247,770	1.0	268,710	1.0
한국	204,767	0.9	331,768	1.3	398,807	1.4
싱가포르	256,520	1.2	257,196	1.0	280,602	1.0
태국	242,514	1.1	212,442	0.9	196,375	0.7
베트남	62,388	0.3	48,437	0.2	11,394	0#
기타	50,722	0.2	58,764	0.2	59,741	0.2
미주	278,661	1.3	297,137	1.2	310,608	1.1
브라질	7,521	0#	8,346	0#	10,505	0#
캐나다	74,744	0.3	79,148	0.3	79,818	0.3
미국	179,500	0.8	188,254	0.8	196,065	0.7
기타	16,896	0.1	21,389	0.1	24,220	0.1
구주	235,725	1.1	244,463	1.0	251,748	0.9
프랑스	39,165	0.2	41,417	0.2	42,710	0.2
독일	28,172	0.1	28,820	0.1	28,811	0.1
네덜란드	12,888	0.1	12,664	0.1	12,769	0#
이탈리아	12,229	0.1	13,461	0.1	13,121	0#
포르투갈	12,429	0.1	13,583	0.1	13,339	0#
러시아	7,806	0#	11,702	0#	16,512	0.1
스페인	7,914	0#	8,448	0#	8,691	0#
스위스	6,142	0#	6,550	0#	7,087	0#
영국	63,384	0.3	60,439	0.2	61,637	0.2
기타	45,596	0.2	47,379	0.2	47,071	0.2
대양주	135,215	0.6	127,557	0.5	127,983	0.5
호주	120,395	0.6	111,771	0.4	111,827	0.4
뉴질랜드	13,880	0.1	14,582	0.1	14,897	0.1
기타	940	0#	1,204	0#	1,259	0#
아프리카주	18,166	0.1	22,845	0.1	24,864	0.1
남아프리카	4,228	0#	4,624	0#	5,185	0#
기타	13,938	0.1	18,221	0.1	19,679	0.1

자료: Statistics and Census Service, Macau SAR.

○ 카지노 허가정책

2002년 기존 독점권자였던 스탠리 호(Stanley Ho) 외에도, 미국계 베네시안과 홍콩 및 마카오 기업인들 간의 합작업체인 Galaxy Casino, 미국 라스베이거스에 기반을 둔 Wynn Resorts의 3개사에 카지노 면허가 부여되었고 이후 sub-concession을 통해 6개사에 면허가 부여되었다. 면허 취득을 위한 업체의 주요 자격사항은 다음과 같다.

<마카오 면허 취득 자격 조건>

- 마카오의 공개 기업이어야 함(면허 취득 미국계 기업도 모두 MGM Grand Macau, S.A.; Venetian Macau, S.A. 등 마카우 설립 자회사임).
- 지원 기업과 주주(5% 이상 소유주), 주요 임직원의 운영경험 및 재무 상태
- 최소 자본 MOP 2억을 마카오 내 금융 기관 예치
- 최고 경영자는 최소 10% 이상의 지분을 가진 마카오 거주자로서 마카오 자치구(SAR) 행정관의 허가를 받아야 함.
- 카지노 운영에 대해서도 행정관의 통제가 적용됨.
- 주식의 양도 및 증자는 행정관의 인가를 받아야 함.
- 면허의 양도는 행정관의 사전 인가를 요함.
- 주주 간 기업 외부에서의 합의사항에 대한 모니터링 및 행정관에 보고 의무
- 법적 예비금 규정(MOP 2억의 최소 1/4)에 따라야 함.
- 게임감찰협조국의 승인을 받은 감시 장치 설치
- 제세를 납부하며 지급에 대한 개런티를 제공함.
- 면허 계약에 명시된 바와 같이 마카오의 개발에 기여함.
- 카지노를 계속적으로 운영하고 광고함.
- 지적재산권에 대한 공공 규제를 준수함.

감독기관은 게임감찰협조국(the gaming Inspection and Coordination Bureau)으로 전체 인원 200명으로 조직되어 있으며, 주요 업무는 게이밍 산업의 경제 정책에 관한 조정 및 실행 책임, 마카오 특별행정구역 내 자문 역할 수행 및 운영 장소 승인, 설비 및 기구 인허가, 정켓 허가권 발급 권한 등이다.

싱가포르가 법령상 카지노 숫자를 2개로 제한하는 데 비해, 마카오는 사업권자 숫자가 6개사로 제한되어 있을 뿐 카지노의 숫자가 법률적으로 명시되어 있지 않으나, 2010년 마카오 전체의 카지노 테이블의 숫자를 2013년까지 5,500개로 동결(2011년 현재 테이블 5,302개)하는 table-cap을 도입하였다.

2013년 이후 3% 증가를 허용하게 되는데 비교적 카지노에 대한 규제가 약한 마카오에서 이러한 조치를 취한 배경으로는 카지노 산업의 폭발적 성장과 함께 빈부격차, 물가상승, 고용의 카지노 집중 등 부작용이 발생했기 때문이다.

table-cap 관련, 이미 건설 중인 Sands Cotai를 제외하고 마카오 정부 승인을 확정 받은 회사는 없었으나, 2012년 5월 신규허가가 다시 시작되었고, Wynn Macau가 코타이 지역에 허가를 획득하여 향후 3~4년 내 신규 리조트 개장 계획을 가지고 있다

카지노 증설을 위해서 면허권자는 추가로 토지허가와 건축허가를 마카오정부(마카오 특별 자치구 SAR)로부터 취득해야 한다.

○ 조세정책

마카오의 게임세는 총 40%(총 매출액의 35% + 기여금 2% 이내 + 관광진흥기금 3% 이내)로 라스베이거스나 싱가포르보다 높고, 법인세는 12%로 일정기간 면제가 가능하다. 라스베이거스 샌즈는 2016년까지 5년간 법인세를 면제받았다.

고정세로는 일반테이블의 경우 U$17,750, VIP 테이블의 경우 U$37,500, 슬롯머신의 경우 U$125를 부여하고 있다.

한편, 마카오 정부는 카지노 산업의 호황으로 거둬들인 재정수입을 시민들에게 분배하는 정책을 취하였는데, 빈곤구제책의 구체적인 내용으로는 마카오에 거주하는 시민들에게 5,000달러 지급, 해외 체류 중인 마카오인에게 3,000달러 지급, 쌀 가격 상승을 완화하고자 정부미를 저가에 시장에 내놓고, 공공주택 신청 대기자들에게 임대료 절반을 보조해주며, 공공사업에 있어서 마카오인들을 우선 채용하는 것 등이었다.

마카오는 현재 시민들에게 15년간(유치원~고등학교)을 무료로 교육을 지원하고, 의료비 역시 무상 지원하고 있다. 게다가 현지 주민에게 1인당 연긴 약 120만 원씩 시급해준다고 한다. 그러한 이유 등으로 인해 마카오 인구는 증가해왔다.

지역경제 활성화에도 대단한 역할을 하고 있음에 틀림이 없다.

마카오 Macau

리비에라 호텔

남중국해

활주로가 바다에…
뜨악~!

타이파 Taipa   마카오 공항

코타이 Cotai

콜로안 Coloane

3개의 다리를 통해 마카오 반도에서 타이파/코타이/골로안으로 연결
마카오 지도

리스보아 카지노/윈 카지노 등 마카오 반도의 모습

○ 주요 카지노 호텔 현황

마카오에는 35개의 카지노와 호텔 등이 있다. 반도에는 리스보아, 그랜드 리스보아, 윈, 오리엔탈, 엠지엠, 샌즈, 임페리얼, 스타호텔 카지노 등 크고 작은 23개의 호텔카지노가 있다.

코타이 지역에는 최근 오픈한 갤럭시를 비롯하여 시티오브드림, 포시즌즈, 샌즈 코타이, 베네시안 등 12개가 있다.

이 중 SJM은 20개 카지노, Galaxy는 6개, Venetian 4개, Melco Crown ("Melco PBL") 3개, Wynn and MGM이 각 1개의 카지노를 운영하고 있다. * SJM(Sociedade de Jogos de Macau)은 STDM(Sociedade de Turismo e Diversoes de Macao)의 자회사이다.

구분	샌즈	베네시안	MGM	그랜드 리즈보아	시티오브 드림	원	갤럭시
개장 연도	2004. 5.	2007. 8.	2007. 12.	2008. 12.	2009. 6.	2010. 4. (확장)	2011. 5.
자본	라스베이 거스 샌즈그룹	라스베이 거스 샌즈그룹	미국 MGM-Sh un Tak Holdings Ltd.	홍콩 JSM	호주 Melco-PBL	미국 Wynn	홍콩 갤럭시 그룹
투자 규모	2.4억$ (US)	25억$ (US)	12.5억$ (US)	50억 (HKD)	21억$ (US)	7억$ (US)	150억 (HKD)
주제 및 특징	넓고 쾌적한 라스베이 거스 식 모델	이탈리아 베네시안을 테마, 전시, 관광 및 쇼핑 등 세계최대 카지노	컨벤션, 레스토랑, sky 라운지 미국, 중국의 퓨전식	연꽃모양 의 독특한 외형, 중국인 고유모델	돔형극장, 버블쇼 로큰롤 컨셉 가족형 리조트	라스베거스 원 모델, 분수쇼, VIP게임장 밀집된 구조	태국의 궁전을 테마, 인공폴장, 려셔리한 종합리조트

마카오 카지노 특징

구분		주요 내용
시설 환경	카지노 수	세계적인 대형카지노 6개를 포함하여 2013년 현재 35개소
	입장인원	카지노의 수가 많아 평상시 일부 카지노 테이블은 오픈하지 않음. 일부 카지노에서는 호객행위까지 하기도 함.
	위락시설	호텔 내 스파, 쇼핑시설, 수영장, 컨벤션센터, 레스토랑, 백화점 명품관, 공연관람 시설이 다양함.
	흡연	카지노 게임 중 흡연이 자유로움. 일부 카지노에서는 금연구역 별도 설정
	소음	머신기계의 소음이 적은 편이며 테이블 게임은 함께 웃고 즐기며 소리 를 지르는 경우도 많음.
게임 환경	영업시간	24시간
	출입규제	19세 이상이면 내·외국인 출입 자유. 단 일부 카지노는 복장 규제 있음. 입장료 없음. 한국인의 경우 무비자로 90일까지 마카오 내에서 체류 가능
	베팅	일반영업장 최고한도액은 30만 HKD(한화 3천만 원) 정도이며 VIP영 업장은 무제한이라고 할 만큼 베팅금액이 큼. 베팅 금액이 커 손실을 만회하기 위한 목적 방문 고객 다수
	좌석	좌석의 자유, 중복 및 대리베팅까지 가능

게임 환경	딜러능력	딜러의 게임운영 및 능력수준이 국내보다 낮은 편임. 칩교환, 지불 계산 등에 시간이 많이 소요됨.
고객 서비스	음료 및 간식	물은 거의 무료로 제공하며, 일부 카지노에서는 다양한 음료, 간단한 다과 및 간식을 제공하기도 함.
	직원	고객불편 및 질문사항에 대해 성실히 답변하고 문제해결에 적극성을 보임.
게임 비용	이동시간	인천, 부산 직항 항공기 이용 시 3시간 30분 소요됨. 공항에서 택시로 각 카지노 도착에 10분 정도 소요됨.
	교통비용	왕복 항공권 40~50만 원대 소요
	숙박 및 식비	4성급 호텔이 1박당 6만 원부터 가능. 식비는 저렴한 편임.
	콤프	콤프비율이 적고 현금사용 어려움. 회원카드 발급시 할인혜택 위주 사용
기타	관광	세계문화유산으로 지정. 다양한 관광거리가 많으며, 유흥을 즐길 수 있 는 곳도 많음.

Lisboa & Grand Lisboa(리스보아 & 그랜드 리스보아)

리스보아는 마카오의 원조 격인 카지노 호텔로서 스탠리 호가
1962년 카지노 독점권을 허가받으면서 1970년에 건립하였다. 카지

리스보아 뒤로 그랜드 리스보아가 우뚝 솟아 있다.

노 영업장 면적은 190,000 sq. ft.에 107대 슬롯, 146대의 테이블 게임을 운영하고 있고, 객실은 1,000실을 보유하고 있다. 1999년 마카오가 중국에 반환되기까지 스탠리 호가 마카오 거부로 성장하는 데 일조하였다.

그 후 중국정부의 카지노 개방에 따라 2004년에 라스베이거스의 셀던 아델슨이 샌즈 카지노를 건설하고, 2006년 스티브 원이 1조 1,400억 원을 들여 윈 카지노를 개장한 것에 맞서 2007년 마카오 중심부에 높이 228m의 그랜드 리스보아 호텔을 건설하였다.

한편, 2007년 8월, 샌즈의 아델슨 회장은 매립지인 코타이에 2조 2천억 원을 들여 베네시안을 추가로 건설하였고, 스탠리호 아들은 베네시안 맞은편에 2조 원을 들여 시티 오브 드림을 건설하였다.

스탠리 호는 리스보아, 그랜드 리스보아를 포함하여 19개의 카지노를 가지고 있으며, 매년 정부에 40억 홍콩 달러 이상의 세금을 납부한다. 2011년 포브스 홍콩 40대 부자 명단에, 스탠리 호는 미화 31억 달러로 13위에 랭크되어 있다. 네 명의 부인과 부인 사이에는 17명의 자녀를 두고 있다. 연꽃이 다산을 상징하는 것과 같이 자녀

리스보아 호텔 카지노

연꽃을 형상화한 그랜드 리스보아

수도 많으니 복이 많은 사람임에 틀림이 없다.

연꽃 모양을 형상화한 독특하고 화려한 그랜드 리스보아 호텔은 마카오 시내 어디에서 보아도 눈에 띄며 밤에는 더욱 화려함이 돋보여 환상적인 분위기를 연출한다. 마카오의 밤, 야경의 추억을 담기 위해서 마카오 관광객들 대부분이 여기서 추억의 사진을 찍는다.

한편, 연꽃의 유래에서 연(蓮)에는 연인(連姻)이나 애인이라는 우의가 있기 때문에 연밥을 따는 것, 즉 채련이라고 하면 '연인을 골라 정한다', '러브 헌트(love hunt)'의 은유가 되는데, 리스보아 카지노 지하에는 청춘을 파는 젊은 여성들이 있고, 마카오에는 여성을 골라 정하는 유흥주점이 많은 이유도 바로 이런 특성에 기인한 것이 아닌가 하는 추측이다.

그랜드 리스보아는 연꽃 모양으로 가장 밝게 빛나는 밤의 야경으로도 유명하지만, 호텔 로비에는 황금색으로 만든 커다란 연꽃이 있으며, 스탠리호가 소장하고 있는 다이아몬드를 비롯하여 값비싼 미술품과 골동품들이 전시되어 있어 박물관을 연상케 한다.

스탠리호 동상 옆 좌측 218캐럿의
대형 다이아몬드가 있다.

청동 말머리 상(시가 82억 원에
경매를 받은 것이다)

그랜드 리스보아 일반 영업장　　　　그랜드 리스보아 입구 머신 게임

Grand Lisboa 카지노 영업장은 412,710 sq. ft. 면적에 730대의 머신 게임기기와 443 대의 테이블 및 포커 게임을 운영하고 있다.

카지노 내부 분위기는 다른 곳보다 깨끗하지는 않다. 중국 사람들을 대상으로 한 영업장 분위기로 오래된 낡은 카펫, 공산당의 느낌을 주는 유니폼, 나이 많은 딜러 등 다소 세련미는 떨어지는 편이다.

한편, VIP 영업장은 별도의 동선을 갖추어 놓고 최고급 인테리어와 조명을 갖추어 놓고 있다.

그랜드 리스보아 VIP 영업장 복도　　　　VIP 영업장 개인 룸 입구

스티브 윈이 설립한 최초의 라스베이거스 식 리조트 호텔

Wynn Casino Hotel(윈)

2006년 라스베이거스 카지노 대부 격인 스티브 윈이 1조 1,400억 원을 들여 만든 호텔로서, 라스베이거스 식 카지노 리조트를 마카오에 도입한 최초의 호텔이다. 부대시설로는 명품 쇼핑몰, 수영장, 피트니스센터, 스파를 갖추고 있으며, 1,000개의 객실을 가지고 있다. 라스베이거스와 같이 호텔 앞에서 벌어지는 무료 분수 쇼가 훌륭한 장관을 연출한다.

호텔 출입구

호텔-카지노-쇼핑몰 연결 복도

원 호텔 분수대 앞에서　　　　　원 호텔 조형물과 함께 리스보아 뒤로
바라본 리스보아　　　　　　　　그랜드 리스보아(야경)

다양한 조명과 연출로 화려한 장관을 이루는 윈 분수 쇼

　윈 마카오 카지노 영업장은 205,000 Sq. ft.에 840대의 머신기기와
504대의 테이블을 운영하고 있는데, 영업장은 각 구획마다 칸막이를
하여 조용하고 깨끗한 느낌을 준다. 영업장 면적은 라스베이거스 윈

보다 1.9배 넓으며, 테이블은 1.7배, 머신은 32% 정도로 운영하고
있다.

풍수지리상 출입구에서의 동선은 돈이 새어 나가지 않도록 사람
들이 잘 찾지 못하도록 구성하였다고 하는데 실제 출입구를 찾기가
쉽지 않다.

VIP용 별도 주차장 동선

VIP 윈 클럽 출입구

VIP Sky Casino 엘리베이터

Sky Casino 영업장 입구에는
최고급 스위트 객실이 함께 있다.

VIP는 별도의 주차장을 이용하여 출입할 수 있도록 설계되어 있
으며, 건물의 최상층 전망 좋은 곳에 최고의 VIP 영업장(Sky Casino)
이 마련되어 있다.

최고급 VIP 영업장에 함께 마련되어 있는 거실, 응접실, 객실

창밖으로 MGM 카지노 등 마카오 시내 전체를 조망할 수 있으며, 창가로 테이블을 배치하고 있다. 햇빛 여부 및 고객 취향에 따라 커튼을 열거나 닫을 수도 있도록 구성되었다. 윈 스카이 VIP 영업장(테이블)

MGM Casino Hotel(엠지엠)

세 가지 색의 블록형태 건물

MGM 호텔 입구 황금사자상

세 가지 색의 블록을 층층이 쌓아 놓은 듯한 MGM 그랜드 호텔 내부에는 각종 유리 공예품이 전시되어 있으며, 부대시설로는 7개의 레스토랑과 3개의 바, 그리고 1개의 펜트하우스 스위트와 468개의 스탠더드룸, 99개의 스위트룸을 포함, 총 583개의 객실에 체육관, 쇼핑몰, 스파, 수영장 등을 갖추고 있다.

호텔 객실 내부

수영장

카지노 영업장은 284,353 sq. ft. 면적에 1,271대의 머신게임기기와 427대의 테이블과 포커게임을 운영하고 있다.

MGM 카지노 VIP 전용 출입구. 출입구에는 보안요원이 지키고 있다.

라스베이거스보다 면적은 1.7배 넓으며, 테이블 규모는 2.2배로 많으나, 머신은 50% 수준으로 운영 중이다.

MGM 카지노 최고층 VIP 영업장에서 바라본 마카오 전경
윈 카지노 뒤로 그랜드리스보아 카지노가 보인다.

Mocha Macau Tower(마카오 타워)

Mocha 마카오 타워

Mocha 마카오 타워(야경)

마카오 타워는 세계에서 열 번째로 높은 타워로 2001년 마카오 반환 2주년을 기념해 세워졌다. 높이 338m이며, 58층에 실내 전망대가 있고, 61층에 야외 전망대가 있다. 맑은 날에는 중국 본토와 홍콩까지 조망할 수 있으며 야외 전망대에서는 스카이워크 엑스 223m 높이의 번지점프 등 익스트림 스포츠를 체험할 수 있다.

360도 회전 전망대

전망대에서 바라본 마카오

전망대에서는 360도 마카오 전경을 관람할 수 있으며, 바닥이 유리로 되어 있는 부분이 있어 아찔함을 느낄 수 있다. 마카오 타워는 우리나라 현대건설에서 지었다.

City of Dreams Macau(시티 오브 드림)

시티 오브 드림은 그랜드하얏트, 하드락, 크라운호텔 등 3개 호텔이 연합된 종합 엔터테인먼트 리조트로서 스탠리호 아들이 2조 원을 들여 건설한 호텔이다.

크라운, 하드락, 하이얏트 호텔의 시티오브 드림 전경

카지노 입구 Virtual Aquarium에 등장하는 인어

　영화 '도둑들'의 촬영으로 국내에 유명해진 곳으로, 카지노 입구 가상 아쿠아리움에서는 예쁜 인어가 방문객들의 마음을 사로잡는다.

　마카오를 '카지노·도박의 도시'에서 복합 레저를 즐길 수 있는 도시로 만들겠다는 목표를 갖고 기획한 호텔로서 호텔 내 키즈 센터, 버블쇼 등 다양한 볼거리와 놀거리를 마련하고 있다.

　특히, 총 18개국에서 125명의 전문가가 참여하였고 77명이 넘는 출연진으로 구성된 '더 하우스 어브 댄싱 워터쇼(The House of Dancing Water)'는 세계적인 거장 프랑코 드라곤이 제작 연출한 총제작비 2억 5천만 불의 대작으로, 상영관은 올림픽 규격의 수영장의 물을 5개를 채울 수 있는 것보다 더 많은 물이 들어가는 깊이 8m의 세계 최대의 수영상으로 2천여 명이 동시에 관람할 수 있다.

The House of Dancing Water 쇼

수중 무대와 육상 무대를 수시로 전환하는 변화무쌍한 무대연출과 더불어 다이버들의 환상적인 묘기와 화려한 조명과 음향, 그리고 오토바이 묘기까지 놀라움과 감탄에 빠지지 않을 수 없다.

The House of Dancing Water 쇼/오토바이 묘기 장면

난파당한 어부가 전설의 시대로 가게 되며, 마법의 왕국에 나타난 젊고 용감한 생존자는 나쁜 계모인 다크 퀸(Dark Queen)에 의해 갇힌 아름다운 공주를 만나 사랑에 빠진다. 어부가 이 낯선 이를 도와 다크 퀸에 대항해 싸우고 공주를 구해낸다는 내용인데 가족이 함께 즐길 수 있는 볼거리로 강력 추천해보고 싶다.

카지노 입구　　　　　　　　　　카지노 영업장

　카지노 영업장 면적은 194,700 sq. ft.에 1,122 머신 게임기기와 테이블 게임기기 378대를 운영한다.

　300개 객실의 Crown Towers, 800개 객실의 Grand Hyatt Macau, 300개 객실의 Hard Rock Hotel의 3개의 호텔을 운영하고 있으며 총 1,400객실을 가지고 있다.

Sands Cotai Central(샌즈 코타이 센트럴)

쉐라톤, 콘라드, 홀리데이인 호텔 전경

Sands Cotai Central은 쉐라톤 호텔, 콘라드, 홀리데이인 3개의 브랜드가 합해서 만들어진 호텔로서, 객실 수는 5,900실이며 실내 쇼핑몰에는 약 900개 업체가 입점해 있다.

호텔 입구는 화려하고 세련된 고급 이미지의 인테리어 장식으로 연결되어 있으며, 실내 정원에서는 다양한 공연으로 볼거리를 제공하고 있다.

Holiday Inn 입구 Check in 센터

Holiday Inn Macao 호텔 입구

관우 동상/분수가 있는 실내 정원

다양한 음악 공연 개최

엘리베이터 고객 이동 동선   쇼핑몰 주변 인테리어

　카지노의 면적은 300,000 sq. ft.에 600대의 머신 게임과 540대의
테이블 게임을 운영하고 있다.
　마카오 반도의 샌즈 카지노 보다 세련된 인테리어와 최신 기기를
운영하고 있다.

마카오 반도의 샌즈   마카오 반도 샌즈(야경)

샌즈 카지노 입구   카지노 영업장 내 공연

공연장 아래 바에서는 음주도 가능   2층 대형 전광판

일반영업장은 1층에 있으며, 2~3층에는 별도의 VIP 영업장이 있다.
영업장 내에서도 리미트 별로 구획을 정하여 운영하고 있다.

Semi VIP는 쾌적한 공간에 게임 테이블을 갖추고 있다.
별도 신분을 확인한 후에 입장 가능

The Venetian Macao Resort–Hotel(베네시안)

테마: 이탈리아 베네치아, 객실 수 3,000실(스위트룸)

호텔 주변 인공호수

베네시안 마카우 리조트 호텔은 셸던 아델슨 라스베이거스 샌즈그룹 회장이 설립한 타이파에 있는 카지노로 2007년 8월 28일 오픈했다.

오픈 일에 약 4km가량 인파가 모여 줄을 설 정도로 주목을 끌었던 베네시안은 이탈리아 베네치아를 본떠 만든 축구장 3개 규모의 세계 최대의 카지노이다.

진짜 금을 발랐다는 호화로운 내부 장식과 벽화, 미니 골프장과 4개의 풀을 갖춘 수영장, 3,000개 스위트룸, 총 11만㎡의 컨벤션센터와 미팅룸, 대규모 공연과 스포츠경기가 가능한 1만 5,000석의 아레나 공연장, 330여 개의 숍이 들어찬 9만 3,000㎡의 그랜드 카널 쇼핑몰 등 베네시안 호텔은 '한 지붕 아래 모든 것'을 콘셉트로 만들어진 복합리조트이다.

카지노 입구 천장 / 황금 지구본

카지노 영업장 / 이동계단

베네치아 곤돌라 쇼핑몰의 인공 하늘

객실은 마카오에서 최초로 어린이를 테마로 하여 마련한 가족 중심의 휴가를 위한 Family suite부터 귀한 고객을 모시기 위해 특급시설을 완비한 VIP 고객용 객실인 Paiza suite 까지 전 객실이 스위트룸으로 구성되어 있다.

컨벤션 호텔 연회장 및 복도

Paiza 클럽의 객실

Paiza 클럽의 거실

 VIP 손님을 모시는 Paiza 클럽에는 노래방, 안마대, 러닝머신 등을 모두 갖추고 있으며, 욕실은 외부 전망을 볼 수 있도록 투명유리로 만들어져 있다. 복도를 지나면 바로 카지노 게임장으로 갈 수 있도록 게임장과 연결되어 있다.

노래방 시설　　　　　　　　　　러닝머신

파이자 클럽 복도　　　　　　　　파이자 클럽 카지노 입구

　카지노 영업장 면적은 550,000 sq. ft.에 3,000대의 머신 게임기기
와 950대의 테이블과 포커게임을 운영하고 있다.

　미국 라스베이거스보다 면적은 4.6배 넓으며, 테이블 규모는 3배,
머신은 276대가 더 많다.

　1～2년 주기로 영업장 배치 및 게임기기 교체 등 고객선호도 및
수익에 따라 영업장을 새롭게 단장하고 있는데, 최근에는 RAPID 존
을 만들어 운영하고 있으며, RAPID 존에는 'FAST Action Baccarat'
라는 게임을 자체개발하여 운영 중이다. 이는 테이블 대수가 제한되
어 있는 상황에서 많은 고객을 흡수할 수 있도록 좌석을 늘리고 회
전수를 높이기 위해 고안된 것으로, 향후 게임기기 증설허가를 극복
할 수 있는 방안으로 테이블 기기 자동화 추세가 가속화될 것으로
전망된다.

베네시안 카지노 일반 영업장 고객 동선 및 테이블

두칼레 궁전을 본뜬 베네시안 벽에서 상영되는 레이저 쇼로
저녁이 되면 베네시안 인공호수 앞에서 무료로 상영된다.

Galaxy Macau(갤럭시)

태국의 왕궁을 테마로 디자인된 갤럭시 마카오는 대형 인공 파도풀
을 갖추었으며, 극장까지 갖추고 있어 가족단위 고객들이 즐길 수 있는
리조트이다. Banyan Tree 호텔과, Galaxy 호텔, Hotel Okura Macau
의 3개의 호텔에 총 2,260개의 객실 규모로 건설되고 있다. 2011년
5월에 오픈한 갤럭시는 현재 2개 동이 건축되었고, 1개동은 추가로 건
축될 예정이다.

테마: 태국의 왕궁, 객실 수 2,260실의 갤럭시 마카오(야경)

호텔 로비에서 태국풍의 옷을 입은 늘씬한 미녀가 손님을 맞는다.

    화려한 장식과 인테리어로 꾸며진 호텔 로비는 늘씬하게 빠진 미녀들이 손님을 맞이하고 있으며, 크리스털 조각과 샹들리에와 분수가 있다.

로비 샹들리에/분수 로비(크리스털 조각상)

　객실은 편안한 조명과 함께 조화로운 인테리어로 아늑한 분위기를 느낄 수 있으며, 냉장고에는 무료로 제공해주는 음료수와 차가 준비되어 있다.

실제 투숙했던 객실 모습 / 기본 무료 제공 음료가 있다.

　Galaxy Macau의 카지노 영업장 면적은 420,000 sq. ft.로 1,500대의 머신과 600대의 테이블 및 포커게임을 운영하고 있다.

마카오 주요 카지노 현황

구분	영업장 면적 (sq ft)	게임기기 수		호텔 (객실)수
		머신기기	테이블&포커	
Macao				
City of Dreams Macau	194,700	1,122	391	3(1,400)
Sands Cotai Central	300,000	600	540	3(3,896)
Galaxy Macau	420,000	1,500	600	3(2,260)
StarWorld Hotel & Casino	140,000	250	247	1(511)
Casino Grand Lisboa	412,710	730	443	1(431)
Sands Macao	229,000	1,390	440	1(289)
Wynn Macau	205,000	840	504	1(1,000)
MGM Macau	284,353	1,271	427	1(583)
The Grand Waldo Hotel	615,328	148	53	1(316)
The Plaza Macao	33,000	150	-	375
The Venetian Macao	550,000	3,000	950	3,000
Singapore				
Resorts World Sentosa	188,370	2,300	500	6(1,800)
Marina Bay Sands	161,460	2,500	600	1(2,560)
Kangwonland	137,700	1,360	200	2(727)

* 강원랜드 12,793㎡, 1㎡ = 10.764 sq ft, 싱가포르 마리나베이 샌즈 15,000㎡

○ 마카오에 출입하는 한국인

마카오에 방문하는 한국인은 연간 2009년 20만 명에서, 2010년 약 33만 명, 2011년 약 40만 명으로 집계되었다. 2년간 약 2배 규모가 증가하였다.

이들은 주로 홍콩, 마카오의 자유여행 상품을 이용하는데 관광 유적지 방문 또는 쇼핑 등 휴양을 위해 방문하는 단순 방문객들과 관광과 카지노를 병행하는 관광객, 카지노 게임만을 목적으로 하는 카지노 고객들로 구분할 수 있다. 마카오 방문객의 절반 이상은 카지노 게임 목적으로 방문하는 것으로 보고 있다.

마카오 카지노에 한국인들이 많아지면서 한국인 관광객 또는 게임 고객을 유치하여 숙박, 교통, 관광 등 다양한 편의를 제공하면서 일부 수수료를 챙겨서 생활하는 게임알선 업자들이 증가하고 있다. 이와 더불어 한국인을 대상으로 한 사기와 범죄도 증가하고 있는 상황이어서 마카오 내에서 한국인 주의보를 내려야 할 상황이다. 더불어 돈이 없어 한국으로 되돌아오지 못하는 국제 앵벌이들도 많이 증가하고 있다.

한편, 사행산업통합감독위원회에서 발표한 자료와 국정원 자료에 따르면 한국인의 해외 원정 도박의 규모가 2조 1천억 원 ~ 3조 8천억 원 정도가 되는 것으로 밝혔다. 강원랜드의 연간 매출액의 2배 이상이 해외로 빠져나가고 있는 셈이다.

○ 마카오의 문제점 및 전망

마카오는 지리적으로 중국 주해시와 국경을 접하고 있으며, 홍콩과도 배편으로 한 시간 거리에 위치해 있다. 카지노를 중심으로 항공편으로 두 시간 거리에 약 10억 명의 인구가 상주하고 있다.

마카오 카지노 산업은 40년 넘게 지역 토호인 스탠리 호 가문에 의해 독점 운영되었다. 하지만 2003년 마카오 정부는 이러한 독점체제를 버리고 자유경쟁 체제를 도입해 외국 자본의 카지노 투자를 허용했다.

마카오 카지노 시장이 개방되자 샌즈 그룹, 윈 리조트, MGM 등의 미국 라스베이거스, 영국, 홍콩 등의 카지노 재벌들이 대규모 투자를 시작하였다. 거대 외국 자본이 유입되면서 마카오 카지노 산업은 폭발적으로 성장하게 되었다.

한편, 2003년부터 중국은 중국인의 마카오 여행을 자유화하였는데 이로 인해 중국인 방문객 수는 2003년 574만 2,000명에서 66% 증가해 2004년에는 952만 9,700명을 기록하였다. 중국 정부의 여행 제한 규정 완화에 따른 마카오 방문객 수의 급증은 마카오 카지노 산업 급성장의 원동력이 되었다. 급기야 2006년에는 미국 라스베이거스를 제치고 세계 제1의 카지노 도시가 되었다.

한편, 급성장한 카지노 산업의 부작용으로는 빈부격차의 확대, 물가상승, 기형적인 노동력 분포 등을 들 수 있다.

2004년 마카오의 1인당 국내총생산(GDP)은 2만 2,500달러였지만, 급성장하는 카지노 산업과 함께 매년 증가해 2007년에는 3만 6,300달러를 기록하면서 홍콩의 1인당 GDP를 무려 7,000달러나 앞질렀다. 지금 현재는 5만 불이 넘는다.

그러나 카지노 호황으로 고성장을 구가하는 마카오의 경제성장의 수혜는 일부 카지노 종사자들에게만 집중(마카오 평균 임금의 3배 이상을 지급받음)되어 있어 빈부격차는 더욱 확대되고 있으며, 주민들의 불만도 커지게 되었다.

또한 카지노 산업의 호황으로 시중의 유동자금이 넘쳐나면서 부동산 시장 및 소비자 물가가 급등하였다. 그에 따라 주택 임차료도 급격 상승하였다.

카지노 산업의 호황으로 카지노 종사자의 보수가 상대적으로 높아지자 도시의 인력들이 카지노 업계로 집중되는 반면, 은행·정부기관·병원 등은 인력난을 호소하고 있다. 2007년 이후 마카오 전체 인구 54만 명 중에 70% 이상인 40만 명이 호텔을 포함한 카지노

산업에 종사하고 있는 기형적인 노동력 분포를 띠고 있다.

심지어 학생들이 학업을 중단하고 카지노 딜러가 되는 사례가 빈번하게 발생하고 있고, 대학을 가지 않는 현상이 발생하여 정상적인 도시 기능이 마비될 수 있다는 우려가 나오기도 하였다.

이에 따라 마카오 정부는 산업구조가 카지노 산업에 편중되면서 여러 가지 부작용이 발생하자 향후 당분간 신규 카지노를 불허할 것으로 발표하기도 하였다. 현재는 컨벤션, 금융산업 등을 확대하여 편중된 산업구조를 보완하기위해 노력하고 있다.

최근에는 기존 관광형태를 문화, 쇼핑, 스포츠, 음식 등과 연계한 상품으로 다원화하고, 컨벤션, 디자인, 문화콘텐츠산업육성을 강화하면서 의료, 약품, 환경산업 발전과 함께 'Made in Macao(M in M)' 상품 확대 정책도 추진하고 있다.

한편, 2012년 마카오 관광객은 2011년 12.2% 증가 대비 0.3% 증가에 그쳤으나 수입액은 13.5% 증가하였는데, 이는 일반 게임장의 미니멈 베팅을 300→500 Patacas, 500→1,000 Patacas로 증가시킨 것이 주요한 원인으로 파악되며, 2013년에는 일반영업장의 프리미엄 손님들에게 개인적인 타월이나 컵 등의 차별화된 서비스를 제공하여 10% 성장한 3,300억 불이 될 것으로 전망하고 있다.

영업장 정책 추이를 볼 때 마카오 카지노도 다소 성숙기로 접어든 것이 아닌가 하는 생각이 든다.

카지노 수입 추이와 전망

구분	2011	2012	2013
단위: 억 불	2,700	3,040	3,300
한화	38조 6천억	43조 8천억	47조 2천억

그러나, 현재 추진 중인 홍콩-마카오-주해 세 지역을 잇는 해상 대교가 연결되면 유동인구가 연간 약 2,000만 명에 달할 것으로 예상되어 마카오 카지노 산업은 한 단계 더 발전할 것으로 보인다.

과거 카지노가 VIP 고객 위주였다면, 최근에는 가족형 고객 중심으로 변신하고 있다. 마카오 복합 리조트형 카지노의 전략은 가족 지향적인 리조트로서 전 아시아 고객을 마케팅 대상으로 삼고 이에 대한 대비를 하고 있다.

마카오 정부는 '카지노 도시'의 이미지를 탈피하고 아시아의 비즈니스 중심 도시로 성장하기 위해 컨벤션 등 복합적인 시설을 갖춘 인프라 투자를 적극 유치하고 있다.

한편, 마카오의 수익과 중국의 GDP는 90%에 가까운 높은 연관성이 있는데 중국 본토 해남도에 거대한 카지노가 세워지고 있다. 필리핀에 이어 대만에도 곧 카지노가 세워질 예정이다.

마카오의 성장은 여러 나라가 각국의 카지노를 설립하게 됨으로써 견제를 받을 전망이다.

한류 열풍으로 마카오에도 야외촬영 풍속이 생겨나고 있다.

마카오 흑사해변에서는 해수욕을 즐길 수 있다.

왼쪽의 마카오타워/MGM/윈/리스보아/샌즈카지노 – 마카오반도 전경

(3) 싱가포르

정식 국가 명칭은 싱가포르 공화국(The Republic of Singapore)이다. 1819년 영국이 무역 거점으로 개발한 도시로 이후 영국의 해협 식민지(The Straits Settlements)가 되었고 1959년 새 헌법에 따라 영국 연방의 자치령이 되었다. 1963년 말레이시아의 일부가 되었다가 1965년 주권국가로서 분리 독립하였다.

동남아시아 말레이반도 최남단에 위치하며 싱가포르 섬과 60여 개의 작은 섬으로 이루어져 있다. 수도는 싱가포르(Singapore)이며, 면적은 710㎢로 서울시 면적 605.5㎢보다 조금 크다.

인구는 2009년 기준으로 외국인 119만 명을 포함하여 총 499만 명에서 2012년에는 531만 명으로 약 6.4% 증가하였다. 민족 구성은 중국계 74.7%, 말레이계 13.6%, 인도계 8.9%, 기타 2.8%로 이루어져 있다.

2009년 기준 국내총생산(GDP: Gross Domestic Product, 이하 약어)은 1,771억 미국달러이며(1인당 GDP는 3만 5,515미국달러), GDP 성장률은 −2%, 물가 상승률은 0.6%를 기록하였고, 실업률은 3.0%를 기록한 바 있다. 2012년에는 1인당 GDP가 50,323달러로 크게 증가하였다.

○ 카지노 도입 배경 및 성과

카지노 도입과 관련해서는 두 명의 수상이 한 말에 잘 나타나 있다. 리콴유 고문수상은 "싱가포르가 카지노를 거부할 여력이 있는가? 우리 중국인의 도박 중독은 세계가 알아준다. 그래서 그동안 도박을 금지해 왔다. 그러나 싱가포르의 장래를 고민하지 않을 수 없는 상황에 왔다. 세상은 엄청나게 변하고 있다. 우리가 가만히 있으면 외국인들은 더 이상 여기에 머물지 않을 것이기 때문이다."라고 말한 바 있으며, 지금의 수상인 리셴룽 수상은 "카지노를 건설하든 안 하든 다 위험이 있다. 이 복합리조트 사업이 실패할지도 모른다. 그렇다고 가만히 있으면 다른 국가에 분명 뒤지게 돼 있다. 정부가 고민을 한 결과 선택의 대안이 없고 추진할 수밖에 없는 상황이라는 결론을 내렸다."라고 말하였다.

리 총리가 카지노를 도입하게 된 배경에는 싱가포르 국민들이 매년 마카오와 라스베이거스 등 해외 원정 도박으로 낭비하는 돈(7억 2,000만 달러)을 절약하자는 취지와 함께 1985년 이후 1998년 아시아 외환위기, 2001년 미국 IT 산업 침체에 따른 마이너스 성장 등을 경험한 이후 관광산업의 정체, 내수경기의 둔화, 고용창출 및 GDP 증대 미비, 건설경기의 악화 등을 해소하기 위한 복합적인 이유도 있었다고 한다.

거기에 더하여 카지노 개설로 싱가포르를 찾는 관광객이 1,900만 명으로 2배 이상 증가하고, 10만여 명의 신규 고용 창출효과가 생기는 등 경제 부흥과 관광산업 진흥에 '기폭제'가 될 것으로 전망했기 때문이다.

그러나, 도입과정에서 카지노의 부작용을 우려한 반대 또한 만만치 않았으며, 반대에 대한 설득 과정에서 카지노 수익이 총수입에서 절반이 안 되도록 하겠다는 목표를 세웠다.

카지노 기업들의 사업제안서를 받아 그중에 2개사를 선정하였는데, 제안서에 대한 가이드라인의 기준은 ① 반드시 방문해야 할 관광 매력물로 개발해야 한다, ② 가족 모두가 즐길 수 있는 세계적수준의 복합리조트로 개발해야 한다, ③ 카지노 사업자는 카지노 감시 및 감독시스템 보완 및 돈세탁 방지에 관한 모든 법률을 준수해야 한다는 것 등이었다.

싱가포르 카지노 복합리조트의 규모는 시내 금융가 옆에 있는 마리나(Marina)지역이 약 3만 7,000평, 센토사(Sentosa)섬은 14만 2,000평이다. 둘을 합친 규모 18만 평은 여의도 면적의 23%가 된다. 이 중 카지노장으로 사용될 부지 면적은 전체의 3% 이내로 제한하였고, 나머지 공간은 호텔, 쇼핑센터, 극장, 박물관, 공연장 등 각종 위락시설로 채울 계획이었다.

반신반의 끝에 개장한 결과 대성공을 거두었다. 싱가포르 관광객 수는 2009년 968만 명에서 2010년 1,164만 명, 2011년 1,317만 명으로 증가하였고, 관광객 1인당 지출비용은 1,280달러에서 1,615달러로 증가하였다.

개장 첫해인 2010년에만 총 43억 달러(4조 9,000억)를 벌었다. 관광객 수는 20.2% 증가하였고, 또한 싱가포르 GDP(국내총생산)는 24억 8,600달러에서 28억 4,600달러로 증가하였다.

전 세계적인 경기침체 속에서도 GDP가 14.5% 성장하였다. 싱가포르 정부 세수입도 7.75% 증가하였다.

카지노가 국민의 사행심을 조장하리라는 우려도 상당 부분 해소되었다. 최근 복합리조트 카지노 개장으로 GDP 1.7%포인트 상승에다 10만 개의 일자리 창출 효과를 불러왔다는 분석도 나오고 있다.

○ 카지노 허가 정책

그동안 싱가포르는 카지노산업을 금지하는 입장을 취해왔으나, 마리나베이 샌즈와 센토사섬에 총 2개의 카지노 설립을 허용하는 방침을 발표하는 등 2005년 4월 카지노 금지법률 폐지를 공표하였다. 카지노 금지법률을 폐지하면서 복합리조트 형태의 카지노 도입을 공표하였는데 복합리조트 내 카지노 시설 면적을 3% 수준으로 제한하여 개발한다는 것이었다.

2006년 1월 16일에 13장 제202조 및 시행일정으로 구성된 카지노통제법(Casino Control Act, 2006. 6. 1.)을 제정한 후 2008년 4월 2일 내무부산하에 카지노 규제청을 설치하고, 2009년 9월부터 2010년 2월 10일 사이에는 15개의 카지노관련규칙을 제정 공포한 후 2010년 2월에는 리조트 월드 센토사에, 4월에는 마리나베이 샌즈에 면허를 교부하였고(향후 10년간은 2개 카지노로 제한, 제41조), 2010년 1월부터 4월 10일까지 6,000명의 카지노 종사자에 대한 면허(Special Employee Licences: SELs, 유효기간 3년)를 교부하였다.

<15개의 카지노 관련 규칙>

(1) advertising
(2) Casino Contracts
(3) Casino License(유효기간 3년) and Fees
(4) Casino Layout, (5) Composition of Offences
(6) Conduct of Gaming
(7) Credit,
(8) Entry Levy(외국인은 무료, 싱가포르인이나 영주권자들은 1일당 싱가포르 $100, 1년간 $2,000)
(9) Gaming Equipment
(10) Junkets
(11) Licensing of Special Employees
(12) Patron Dispute Resolution
(13) Prescribes Offences
(14) Prevention of Money Laundering and Terrorism Financing
(15) Surveiillance 등 15개

카지노 내에서는 매춘이나 음란행위를 부추기거나 면허 없는 도박자금대출, 술 취하거나 난잡하거나 난폭한 행동이 금지되며(제129조), 경찰이나 카지노 규제청은 출입하여 검사할 수 있고, 카지노 측은 출입금지자나 규칙위반자를 퇴거시켜야 한다.

카지노 규제청이나 경찰은 특정인의 카지노출입을 금지시킬 수 있으며(법 제121조, 제122조), 그 명단을 카지노에 통보하는데, 범죄로부터 자유로운 게임 환경을 조성하기 위해 2010년 2월 5일 마약,

불법 사채운용, 매춘, 조직폭력 등과 관련되는 범죄전력이 있는 3천 5백 명과 파산 후 복권되지 않았거나 정부로부터 공적 지원을 받는 2만 8천 명은 카지노에 출입을 금지시켰다.

게임중독방지위원회(National Council on Problem Gambling: NCPG)는 7인 이상 19인 이내의 전문가들로 구성되었으며, 지역개발청년체육부 산하에 설치되어 게임중독위험 홍보, 중독방지, 치료, 재활, 상담 등 업무와 각종 프로그램의 평가, 카지노출입금지신청 심사 등의 업무를 수행하고 있다.

싱가포르의 경우 카지노입장객은 '자발적'으로 손실한도를 정할 수 있으며, 다른 카지노와 같이 자신이나 가족 또는 제3자가 카지노 입장을 금지해 주도록 요청할 수 있는 제도도 도입되었다.

○ 조세정책

싱가포르의 경우 카지노세와 입장료는 Casino Control Act에 규정되어 있는데, 법인세는 외국/내국 법인에 관계없이 17%가 부과되고 있다.

카지노 운영자는 프리미엄 회원(10만 달러 예치 고객)으로부터 발생한 수익의 5%, 일반고객으로부터 발생한 수익의 15%를 카지노세로 납부하여야 하는데, 프리미엄 고객 확보와 유지에는 상당한 비용이 드는 것을 감안, 세율을 낮게 책정하고 있으며 15년간은 세율을 인상하지 않는다고 명시하고 있다(제146조).

입장료는 싱가포르 시민과 영주권자는 일 S$100/day(약 90,000원), 연간 멤버십 회원의 경우 S$2,000(약 180만 원)을 내야 한다.

입장료 수입은 싱가포르의 공공, 자선 및 사회사업 활동에 사용된다. 외국인은 무료이다.

싱가포르 연도별 방문객 수

구분	2009	2010	2011	2012
합계	9,682.7	11,642.7	13,171.3	14,400,0
미주	467.7	524.8	563.7	−
캐나다	70.0	75.1	82.9	
미국	370.7	417.2	440.6	
아시아	6,894.5	8,678.6	10,039.1	−
동남아시아	3,684.8	4,821.8	5,414.3	
중국	936.7	1,171.5	1,577.5	
홍콩	294.4	387.6	464.4	
인도	725.6	829.0	869.0	
일본	490.0	529.0	656.4	
한국	272.0	360.7	414.9	
파키스탄	22.3	21.9	20.9	
사우디아라비아	10.8	12.6	17.0	
스리랑카	70.0	79.0	84.0	
대만	156.8	191.2	238.5	
아랍	49.5	56.5	62.7	
유럽	1,307.4	1,373.5	1,401.5	−
오스트리아	17.5	20.1	19.9	
벨기에, 룩셈부르크	21.4	24.4	25.0	
프랑스	119.7	130.5	140.3	
독일	183.7	209.3	220.0	
그리스	9.3	8.0	7.1	
이탈리아	46.8	51.1	53.5	
네덜란드	76.4	76.5	81.1	
스칸디나비아	92.8	96.5	97.0	
스위스	63.8	74.4	79.0	
유럽	469.8	461.8	442.6	
CIS&동유럽	110.4	119.7	127.9	

대양주	936.5	989.1	1,093.4	-
호주	830.3	880.6	956.0	
뉴질랜드	93.8	95.8	123.0	
기타	76.6	75.6	73.5	
아프리카	76.4	75.5	73.4	-

자료: Yearbook of Statistics Singapore, 2012.

Resorts World Sentosa(리조트 월드 센토사)

테마: 아시아 최고 가족형 리조트, 리조트 월드 센토사 전경

말레이시아의 겐팅(Genting) 그룹이 2010년 2월에 개장한 리조트 월드 센토사는 3년간 미화 49억 달러(약 5조 6천억 원)를 투입하여 4개의 특급호텔과 카지노, 동남아 최초의 유니버설 스튜디오, 세계 최대 규모 해양생태 공원, 워터파크, 아쿠아리움, 쇼핑센터, 컨벤션 센터가 포함되어 있는 복합리조트로 건설한 것이며 아시아 최고의 패밀리 리조트를 지향하고 있다.

리조트 월드 센토사 유니버셜 스튜디오 지도

리조트 월드 센토사 주요 현황

전략목표	아시아 최고의 패밀리 리조트(휴양)
복합리조트	카지노＋컨벤션＋쇼핑＋엔터테인먼트
투자규모	미화 49억 달러(약 5조 6천억 원)
부지면적	34만 7천㎡(10만 5천 평) 규모(마리나베이샌즈 보다 3배 크기)
위치	센토사 섬에 위치
전체 면적	900만 평방피트로 카지노 면적은 2%에 불과, 나머지는 98% 일반 관광객을 유치할 수 있는 컨벤션, 쇼핑, 엔터테인먼트, 레크리에이션 시설임.
타겟 시장	가족 단위 관광객 / 부유한 아시아 국제 관광객(비즈니스, 휴양)
표적 시장	인도네시아, 태국, 말레이시아, 중국
소유권	Genting 그룹에서 100% 투자(토지＋건물) 수익성 보장 차원에서 10년간 준독점권 부여(현재와 같이 2개 카지노 유지), 30년간 운영권 부여(단, 갱신기간은 3년)
라이선스 취득/개장	싱가포르 카지노 규제법: 총 투자 금액의 50% 투자 라이선스 부여 2010년 2월 6일 라이선스 취득 / 2010년 2월 14일 개장
세금	다른 국가에 비해 카지노 업체에 낮은 세금 부과 VIP 고객 수입에 대한 게임세: 5%, 일반 고객 수입에 대한 게임세: 15%, 상품 및 서비스 수입에 대한 세금 7%, 법인 소득세: 17%

게임 시설	머신 2,300대, 테이블 500대 / 흡연실, 금연실 운영
유니버설 스튜디오	−테마파크: 유니버설 스튜디오 −Marine Life Park: 세계 최대 해양 생물 생태 공원 −Maritime Xperiential Museum: 해양사 박물관
호 텔	−페스티브 호텔: 가족 단위 관광객을 위한 객실(어린이 2층 침대) −마이클 호텔: 세계적인 건축가 마이클 그레이브즈가 디자인 −하드락 호텔: 젊은 층을 위한 객실 −크록포드타워: 전 객실이 스위트로 구성된 최고급 호텔
각종 시설	−레크리에이션 시설: 4개의 객실에 에워싸인 수영장 −쇼핑 시설: 45여 개의 명품 아울렛 −엔터테인먼트 시설: 서커스 공연장 보야지 드라비에 −컨벤션 시설: 7,300여 석의 대연회장 / 26개의 소연회장; 1만여 석의 극장 식 스타일

유니버설 스튜디오 입구 및 펀 라이드 시설

워터파크 및 물놀이 시설

거리의 캐릭터 및 테마 영화관

워터 쇼   돌고래 쇼

Quest Marine Life Park   650만 갤런의 Whale Shark Lagoon
(해양 수족관)

케이블 카, 멀리 크루즈가 지나가고 있다.

청소년들이 물고기가 살고 있는 수영장에서 잠수를 하고 있다.

대규모 유니버셜 스튜디오와 펀 라이드(Fun rides) 등은 리조트 월드의 대표 시설이다.

Resorts World Sentosa는 2,300대의 머신과 500대의 테이블과 포커 게임을 운영하고 있다. 카지노 1층은 일반영업장으로 내국인과 외국인을 서로 구분하여 운영하고 있으며, 2층은 VIP 영업장으로 Maxim과 Clackfords로 구분하고 있다.

카지노 입구 및 입장 모습

VIP 전용 주차동선　　　　　카지노 영업장

영업장 중간에는 테이블 게임을 배치하는 한편, 게임장 주변에는 여러 개의 레스토랑을 운영하여 고객의 편리를 도모하고 있다. 건물의 한쪽 편으로는 머신게임을 배치하고 있다. 전자게임 및 포커존은 2층에 별도존을 마련하여 운영하고 있다.

VIP용 개인용 룸이(Privite room)은 14개가 있으며, Sky 라운지에 V‐VIP를 운영하고 있다.

VIP 리미트는 최소 $5,000 이상으로 한국 고객들은 그다지 많이 않다. 1억 6천만 원 정도를 Deposit을 할 수 있어야 V‐VIP 영업장 입장이 가능하다.

마리나 베이 샌즈 리조트 시설 현황

Marina Bay sands(마리나베이 샌즈 리조트)

미국 라스베이거스 샌즈(Las Vegas Sands)사가 소유하고 있는 리조트로서 호텔, 카지노, 아이스링크, 수영장, 세계 최고의 명품 브랜드숍, 라이온 킹을 상영하는 극장, 한국의 코엑스와 같은 컨벤션 및 전시 센터를 갖춘 종합복합리조트로서 컨벤션 센터를 중심으로 한 비즈니스형 복합리조트로 개발되었다.

건물 규모는 지하 3층, 지상 55층이다. 내부 시설로는 2,561개의 객실을 갖춘 초호화 호텔, 첨단 컨벤션, 스파, 바&클럽, 공연장, 미술관, 박물관, 극장, 곤돌라가 다니는 수로, 세계적인 명품 쇼핑몰, 카지노, 스카이파크(수영장 3개 포함)를 포함하고 있으며 공사금액만 6억 8,600만 달러(약 9,000억 원)가 소요되었다.

화려한 조명이 비추는 마리나 베이 샌즈
리조트 야경

복합 리조트 Marina Bay sands

전략목표	비즈니스형 복합리조트 지향
복합리조트	카지노 + 55층 규모의 호텔 3개 + 컨벤션센터 + 공연 극장 + Sky Park 등
투자규모	미화 58억 달러(약 6조 7천억 원) 투자
부지면적	−11만 9천㎡(3만 6천 평): 카지노는 전체 면적의 3% 공간 차지 −싱가포르 정부는 카지노 시설의 면적을 5% 이내로 제한함.
위치	싱가포르의 금융 및 비즈니스 중심지에 위치
표적 시장	−부유한 아시아 국제 관광객(비즈니스, 휴양) −인도네시아, 태국, 말레이시아, 중국
소유권	−Las Vegas Sands에서 100% 투자(토지＋건물) −수익성 보장 차원에서 10년간 준독점권 부여(현재와 같이 2개 카지노 유지), 30년간 운영권 부여(단, 갱신 기간은 3년) −60년간 토지 임대
라이선스 취득 및 개장	−싱가포르 카지노 규제법에 따라 총 투자 금액의 50%를 투자해야 라이선스 부여 −2010년 4월 26일 라이센스 취득 / 2010년 4월 27일 개장
세 금	−다른 국가에 비해 카지노 업체에 낮은 세금 부과 −VIP 고객 수입에 대한 게임세: 5%, 일반 고객 수입에 대한 게임세: 15% −상품 및 서비스 수입에 대한 세금: 7% / 법인 소득세: 17%

게임 시설	-게임 테이블 600여 대, 슬롯머신 2,500대 -흡연층과 금연층으로 구분
호 텔	55층의 3개동 호텔에 2,560개의 객실 보유
각종 시설	-Sky Park 수영장 -베니스 운하를 오가는 곤돌라 -쇼핑 시설: 350개의 쇼핑매장 -레스토랑: 50개 넘는 레스토랑과 다양한 음식 -엔터테인먼트 시설: 전 세계 유물을 전시한 연꽃무늬 박물관 -4천 석 규모의 Sands Theater -최대 1만 명 수용 야외 이벤트 광장 -컨벤션 시설: 동시 인원 45,000명 수용 -강의 스타일 최대 1만 명, 연회 스타일 6,600명 동시수용 -250개 회의실과 2천 개 전시 부스
직 원	-7,400명, 70%가 싱가포르인, 쇼핑몰 직원까지 합할 경우 11,000명이지 만, 완전히 개장될 경우 고용 인원은 33,000명에 이를 것임. -인프라 구축으로 연계 산업에 대한 2차 파급효과 기대

우리나라 쌍용건설이 완공하였는데, 쌍용건설은 세계최초로 포스트텐션과 특수 가설 구조물 설치공법 등을 사용함으로써 피사의 탑 5.5도보다 거의 10배 더 휘어진 지상으로부터 52도 기울어진 디자인으로 건축하였다.

싱가포르 정부가 이 건물을 지을 당시 샌즈 사에 온갖 지원을 아끼지 않으면서 단 한 가지 요구 조건만 내걸었다는 얘기는 유명하다. "세상에 존재하지 않는 건물을 지어 달라"는 주문이었다고 한다.

하늘 위에 조성된 스카이 파크

건물 지을 당시에 모습

현실에 존재하지 않을 것 같은 건물은 이렇게 탄생한 것이다.

이 리조트의 휘어진 3개의 타워 1, 2, 3으로 구성된 호텔 건물 꼭대기에는 세 건물을 연결하는 거대한 배 모양의 스카이 파크를 구성한 것이 특징이다. 수영장 3개와 정원 산책로, 레스토랑, 스파 등이 조성된 343m, 폭 38m의 스카이파크는 에펠탑 320m보다 20m 이상 길고, 면적은 축구장 2배 크기에 달하며, 특히 900명을 수용하는 세계 최대 규모의 전망대는 약 70m가량이 지지대 없이 지상 200m 돌출된 독특한 구조이다.

3개의 곡선형 타워 위에 아찔하게 서있는 57층 "스카이포드(Skypod)"는 여러 사람들의 감탄을 자아내고 있고 낭떠러지처럼 만들어진 "스카이풀(Skypool)"은 카메라 세례를 받고자 하는 연예인 지망생들이 비키니를 입고 사진을 찍고 싶은 장소로 등극했다.

타워 1, 2호텔은 5성급, 타워 3호텔은 4성급이다. 호텔 50~54층에는 최대 200평이 넘는 스위트룸으로 구성되어 있으며, 스위트룸은 방 3개에 회의실, 시청각 실이 있다. 호텔숙박료는 평균 50~140만 원이다. 스위트룸은 하루 1,400만 원인 곳도 있다.

연예인 지망생들의 비키니 촬영장소로 각광받고 있는 하늘 수영장

마리나 베이 스위트 객실 내부

샌즈 호텔 내부에는 국제적 명성이 높은 6명의 예술가들이 만든 작품이 전시되어 있다. 타워 1호텔 로비에는 영국의 설치미술가이자 조각가인 안토니 곰리의 작품으로 길이 40m, 높이 23m, 폭 15m 크기의 매트릭스 조각이 있다. 제목은 'Drift'로 호텔타워 1동의 5층 사이에서 12층 사이 허공에 달려 있다.

또한, 로비 복도에는 상하이 출신으로 미국에서 활동 중인 쩡충빈이 만든 대형 사기 도자기화분 83개가 줄지어 세워졌다. 언뜻 보기에도 일반인의 키 2배는 돼 보이는 이 화분의 높이는 3m, 무게가

호텔 로비 'Drift' 매트릭스 조각   사기 도자기 화분

지하 3층, 지상 2층 규모의 명품 쇼핑몰

1,200kg이라고 한다.

호텔 외부에는 미국 설치예술가 네드 칸의 작품이 있다. 바람개비 모양으로 생긴 약 7,000여 개의 폴카보네이트 티핑을 이용해 만든 이 작품은 바람이 불면 바다물결 등 다양한 모양을 연출해 낸다.

또한, 샌즈에는 세계에서 가장 큰 연회장과 엄청난 크기의 쇼핑센터도 있다. 5개 층으로 구성된 컨벤션 센터는 최대 2,000개의 전시부스와 250개의 회의실이 있으며, 최대 4만 5,000명까지 동시 수용이 가능하다.

| 운하를 오가는 곤돌라 | 쇼핑몰 중간의 레스토랑 |

Art-Science 박물관　　　　　연꽃무늬 박물관 / 컨벤션 센터
(1만 9,000㎡ 규모)　　　　　　(최대 4만 5,000명 수용)

아이스링크장을 둘러싸고 있는 쇼핑몰

최근 샌즈 옆에 새로 개장한 샌즈 가든

샌즈 가든의 오픈으로 많은 가족 관광객을 유치하고 있으며,
카지노의 이미지를 상쇄시키고 있다.

Marina Bay Sands 카지노는 지하1층, 지상 3층 건물로 되어 있으며 전체 리조트 면적의 3% 이하로 총 15,000㎡ 규모다.

카지노 천장은 바닥에서 약 40m에 달하며 허공에는 13만 2천 개가 넘는 스와로브스키 크리스털로 만든 대형 샹들리에가 설치되어 있고, 1만 6,500여 개가 넘는 LED 조명이 설치돼 있다.

카지노 입구 및 입장 모습

건물 중간에 테이블과 감시용 카메라 기둥이 설치되어 있고,
머신기기는 건물 측면에 설치되어 있다.

머신 게임기기 배치 및 테이블 게임기기 배치 레이아웃.
화려한 붉은색 카펫, 대리석 이동 동선, 밝은 조명, 금색 기둥

　가운데 큰 원을 중심으로 1～2층은 일반영업장으로 운영하고, 3～
4층은 Paiza로 VIP 영업장으로 운영한다. 포커존을 따로 구성하고
있으며, 전자게임은 RAPID 게임 존에서 운영하고 있다.

　총 600대의 테이블 게임, 2,500대 머신 및 전자게임을 운영하고
있다.

밤이 되면 더욱 화려하게 피어나는 마리나 베이의 불꽃

○ 싱가포르 복합 리조트 개발의 특징

싱가포르 정부의 복합리조트 개발의 특성은 크게 세 가지로 구분
할 수 있다. 그중 첫 번째는 카지노에서 출발, 컨벤션, 쇼핑, 레저 시
설을 추가한 라스베이거스 방식이 아닌 카지노, 컨벤션, 극장을 동
시에 건설하는 방식으로 추진되었다는 것이다.

동일 면적의 리조트를 개별적 건설 시에는 적어도 15년 이상이
소요되지만 동시에 건설할 경우에는 4년으로 단축할 수 있다는 장
점이 있었다.

둘째, 복합리조트 내 카지노 면적규모를 제한하여, 리조트의 재무
건전성 확보하면서 카지노의 부정적 영향을 최소화 한 것이다. 샌즈
그룹은 매출에서 카지노 부분을 축소하고, 오락, 컨벤션 부문 확대
경영으로 전환하여 게임부문 40%, 기타 오락, 컨벤션 부문 60%를
목표로 하고 있다.

셋째, 마리나베이 복합리조트는 컨벤션, 전시회 등 비즈니스를 추

새벽 동트기 전 싱가포르 바다의 모습, 멀리 인도네시아 섬이 보인다.

구하고, 센토사는 테마파크, 등 패밀리 리조트를 추구하는 등 2개 복합리조트가 상호보완적으로 다양한 관광객을 유치할 수 있도록 개발사를 선정한 것이다.

복합리조트 개발을 통해 싱가포르 정부는 높은 대외 의존도의 제조업, 금융 중심의 산업구조를 완화하고, 지속성장을 위한 서비스 산업의 관광 진흥책이 될 것으로 전망하고 있다.

2. 국내 현황 및 국가별 카지노 전략 분석

1) 국내 카지노 현황

현재 한국에는 서울에 3개소를 비롯해서 부산, 강원, 경주, 제주 등 전국에 총 17개의 카지노 업소가 있으며, 이들은 테이블 게임 820대, 머신 게임 2,584대로 총 9종 3,329대를 운영 중이다. 이 중 강원랜드는 테이블 200대, 머신 1,360대를 보유하고 있다. 강원랜드를 제외한 나머지는 모두 외국인 전용으로 내국인 출입이 불가능하다.

총 시장 규모는 2012년 기준 2조 4,602억 원이고, 이 중 강원랜드 매출액은 1조 2,092억으로 나머지 16개 업체 1조 2,510억보다 조금 적은 수준이다.

2012년 외래 관광객 11,140만 명 중 21.4%인 2백38만 명 정도가 외국인 카지노를 이용하였는데 그중 일본 79만 명(33.2%), 중국 97만 명(40.8%)로 74%에 해당된다. 강원랜드 카지노는 2012년 한 해 3백 2만 5천 명이 방문하였다.

(1) 발전 연혁

1961년 '복표발행 현상 기타 사행행위 단속법'의 제정으로 국내 카지노 도입근거가 마련된 후 1967년에 국내 최초로 올림푸스 호텔 카지노가 개설되었고, 1994년에는 관광 진흥법의 개정으로 카지노업이 관광산업으로 분류되었으며, 1995년에는 폐광지역개발지원에 관한 특별법의 제정으로 내국인 출입 카지노의 근거가 마련되었다.

2004년 제주국제자유도시특별법에 의해 5억 불 이상 투자하는 경우, 외국인카지노 허가특례 조항이 마련되었고, 2005년 기업도시개발특별법의 시행에 따라 관광 사업에 5,000억 원 이상을 투자하는 사업 시행자에게 외국인전용 카지노업 허가 특례조항이 신설되었다.

2006년에는 제주지역 카지노 인허가권을 제주특별자치도에 이양하였으며, 2011년 폐광지역 개발지원에 관한 특별법 개정으로 내국인 카지노 독점 사업권이 2025년까지 10년 추가 연장되었다.

(2) 시장 환경

2012년 국내 카지노시장 규모는 2조 4,602억 원으로 11년간(2001~
2012년) 연평균 13%의 성장을 기록하였다.

이는 세계 2위의 사행산업 시장 일본의 전지역과 중국 흑룡강성,
길림성, 요녕성 등 동북 3성과 상해시, 복건성, 광동성 등 연간 60조
규모의 사행산업 시장을 보유한 중국 등과 인접해 있기 때문인데,
중국 북부 지역 거주민의 경우 마카오까지 가는 비행시간이 다소 부
담스럽기 때문에 한국 카지노를 방문하는 것으로 보인다.

한국은 비행거리 두 시간 이내 7억 명 이상의 거대 잠재시장을 보
유하고 있다.

국내 카지노 산업 발전 연혁

구분	주요 내용
1960년대	-61년 '복표발행 현상 기타 사행행위 단속법'의 제정으로 국내 카지노 도입 근거 마련 -67년 인천 올림푸스 호텔 카지노 개설(국내 최초의 카지노) -68년 서울 워커힐 호텔 카지노 개장 -69년 내국인 출입금지에 관한 규정 제정
1970년대	71년 속리산, 75년 제주 칼, 78년 부산파라다이스, 79년 코오롱 호텔 카지노 등 총 6개 업체로 확대됨.
1980년대	-80년 설악 파크 호텔 카지노 개장 -85년 제주하얏트 호텔 카지노 개장
1990년대	-90년 제주 그랜드, 제주 남서울, 서귀포 칼, 제주 오리엔탈 카지노 개장 -91년 제주 신라, 95년 라곤다 카지노 개장으로 제주지역에 총 8개 업체로 증가 -94년 관광 진흥법의 개정으로 카지노업이 관광산업으로 분류 -95년 '폐광지역 개발지원에 관한 특별법' 제정공포(내국인 카지노 근거 마련) -97년 12월 카지노업의 게임종류가 15종에서 머신게임(슬롯머신과 비디오게임) 그리고 빙고게임이 추가되어 18종으로 확대 -99년 5월 외국인 카지노 투자에 대한 합법화 입법 예고 -99년 마작이 포함되어 게임기구가 19종으로 확대

2000년대	-00년 10월 최초의 내국인 출입카지노인 강원랜드 개장 -03년 강원랜드 스몰카지노 폐장 및 메인 카지노 개장 -04년 제주국제자유도시특별법('04. 01. 28.) 제55조의2 신설(제주지역 관광 사업에 5억 달러 이상 투자하는 경우, 외국인카지노 허가특례) -05년 한국관광공사 자회사(GKL)에 3개 카지노 신규허가(서울2, 부산1) -05년 기업도시개발특별법(법률 제7310호, '05. 05. 01. 시행) 제30조 개정(관광레저형 기업도시의 실시계획에 반영되어 있고 관광사업에 5,000억 원 이상을 투자하는 사업 시행자에게 외국인전용 카지노업 허가 특례) -06년 세븐럭 카지노 3개소 개장 -06년 제주지역 카지노 인허가권 제주특별자치도에 이양
2010년대	-11년 인터불고 대구카지노 영업장 개장(경주에서 대구로 이전) -11년 폐광지역 개발지원에 관한 특별법 개정(내국인 카지노 독점사업권 2025년까지 연장) -12년 강원도, 평창 알펜시아 카지노 영업장 개장(속초에서 평창으로 이전) -13년 강원랜드 제2의 카지노 확장(테이블 68대, 머신 400대 증설)

국내 내국인이 출입할 수 있는 복합리조트 강원랜드는 폐광지역 개발지원에 관한 특별법에 의해 설립된 회사로서 지자체 지분을 포함한 51%가 공공지분으로 구성되어 있다.

강원랜드는 2000년 10월 시범적으로 카지노와 호텔영업을 시작한 이래 2003년 현재의 메인카지노를 오픈하여 운영하였고, 2013년 6월 현재, 골프장, 스키장, 호텔, 수영장, 콘도, 컨벤션을 갖춘 복합리조트로서 연간 500만 명 이상이 방문하고 있으며, 최근 창립 15주년을 맞이하였고 연간 1,000만 명이 다녀갈 수 있는 아시아 최고의 사계절 가족형 종합리조트를 지향하고 있다.

카지노는 일반영업장과 회원영업장으로 구분하여 운영되며 영업장 면적은 일반영업장 3,577평과 회원 293평을 포함하여 총 3,870평(단지 내 건물 면적의 1.8% 수준)에 머신 1,360대, 테이블 게임기기 200대를 운영하고 있다.

건전게임문화 조성을 위해 최근 카지노 영업장 면적을 확대하여 쾌적성을 높였으며, 게임 리미트를 낮추고 단순관광객을 위한 엔터테인먼트존을 운영하고 있으며, 외국인 유치를 위한 전용공간을 마련하였으며, 불법 사설카지노 시장을 흡수하기 위해 신규 포커 게임을 도입하는 등 건전게임문화정착을 위해 부단히 노력 중이다.

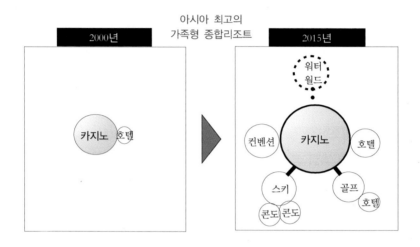

<주요 연혁>

- 카지노, 호텔 개장(2000)
- 도박중독예방치유센타 설립(2001)
- 카지노, 호텔 시설 확장, 테마파크, 골프장 개장(2003)
- 스키장 & 콘도(2006)
- 컨벤션 & 호텔(2011)
- 카지노 증축(2012)
- 워터월드 사업 추진 중(2015 예정)

초기 오픈한 스몰카지노   강원랜드 호텔과 확장 카지노

컨벤션호텔 / 강원랜드 호텔 / 카지노 전경

(3) 카지노 관련법률(허가 및 관련법규)

관광진흥법상 카지노의 신규허가는 국제공항 또는 국제여객선 터미널이 있는 시도, 관광특구 내 특1급 관광호텔, 또는 국제회의업 시설의 부대시설의 경우에 허가할 수 있으며 최근 신규허가를 한 날 이후 외래 관광객이 60만 명 증가한 경우에 2개를 허가할 수 있도록 되어 있다.

물론 특례상 신규 허가가 가능한 부분의 경우 강원랜드는 폐광지역개발지원에 관한 특별법에 의해 허가하고 있으며, 기업도시개발특별법 및 경제자유구역지정 및 운영에 관한 법률에 의해 5억 불 이상 투자 시 외국인 카지노를 허가할 수 있다.

대표자 변경, 영업소재지 변경, 영업장소의 면적 변경, 시설 또는 기구의 2분의 1 이상 교체, 영업종류의 변경의 경우에는 변경허가를 득해야 하며, 기타 카지노업 양수양도 신고, 시설 또는 기구의 2분의 1 미만 교체, 상호 또는 영업소의 명칭변경, 영업종류별 영업방법 신고 등 경미한 사항은 변경 신고로 가능하도록 규정하고 있다.

(4) 카지노 조세정책

한국의 경우 법인세(22%)에 추가하여 준조세 성격의 관광진흥기금이 매출액의 10% 정도 부과되고 있으며, 2012년부터 매출액의 4%를 개별소비세로 부과하였다(외국인 카지노 2년 유예).

외국인 카지노는 매출액의 17.5%를 세금과 기금으로 납부하고 있으며, 강원랜드는 폐광지역개발기금(순이익의 25%)을 포함하여 2012년 한 해만도 4,673억 원, 매출액의 38.6%를 세금과 기금으로 납부하고 있다.

외국인 전용 카지노 조세 및 기금 출연 현황

(단위: 억 원)

구분		2007	2008	2009	2010	2011	2012
매출액		6,129	7,528	9,196	10,056	11,289	12,510
조세	국세	89	297	426	540	857	934
	지방세	12	55	68	33	94	89
	계	101	352	494	573	951	1,023

조세	매출액 대비 조세 기여율(%)	1.6	4.7	5.4	5.7	8.4	8.2
기금	관광진흥기금	552	689	855	935	1,051	1,172
	매출액 대비 기금 기여율(%)	9.0	9.2	9.3	9.3	9.3	9.4
기금＋조세		653	1,041	1,349	1,508	2,002	2,195
매출액 대비 조세 및 기금 기여율(%)		10.7	13.8	14.7	15.0	17.7	17.5

강원랜드 카지노 조세 및 기금 출연 현황

(단위: 억 원)

구분		2007	2008	2009	2010	2011	2012
국세	법인세	1,241	1,297	1,210	1,264	1,080	1,107
	소득세	142	178	111	125	156	155
	개별소비세	85	101	106	107	103	587
	교육세	25	30	32	32	31	176
	부가가치세	–	3.2	–	–	–	11
	농어촌특별세 등	5	7	22	29	19	14
	소계	1,498	1,617	1,481	1,558	1,389	2,050
지방세	주민세	138	147	137	139	123	126
	사업소세	8	8	7	8	10	9
	종합토지세	–	–	–	–	–	–
	재산세	17	7	26	20	29	34
	지방교육세	3	–	1	4	–	–
	공동시설세	3	3	3	3	–	–
	취득세, 등록세 등	0.5	0.4	0.3	10	0.3	95
	소계	170	164	175	184	163	264
기금	관광진흥 개발기금	965	1,061	1,156	1,251	1,181	1,204
	폐광지역 개발기금 (강원도)	906	994	1,115	1,246	1,157	1,155
	소계	1,871	2,054	2,271	2,497	2,338	2,359
총계		3,539	3,835	3,927	4,239	3,890	4,673

자료: 사행산업 관련 통계 2013. 4. 사행산업통합감독위원회.

강원랜드 매출 추이 현황

(단위: 억 원)

구분		2007	2008	2009	2010	2011	2012
드롭액		60,712	62,515	65,314	63,140	57,670	57,505
순매출액		9,705	10,658	11,538	12,534	11,857	12,092
회원 매출액		2,942	2,569	2,458	2,379	1,728	1,937
일반 매출액	테이블	5,177	5,852	6,138	6,606	6,476	6,382
	머신	1,586	2,237	2,942	3,548	3,653	3,773
	소계	6,763	8,089	9,080	10,154	10,129	8,319
1일 평균 매출액(백만 원)		2,812	2,998	3,165	3,433	3,248	3,304

주: 순매출액은 카지노업장에서 발생한 매출 중 환급금을 제외한 액수로서 회계 매출액과 차이가 날 수 있음.

강원랜드 입장객 추이 현황

(단위: 천 명)

구분	2007	2008	2009	2010	2011	2012
입장객	2,452	2,915	3,045	3,091	2,983	3,025
회원	47	42	30	31	24	31
일반	2,405	2,873	3,015	3,060	2,959	2,994
일평균 입장객 (명)	6,718	7,964	8,342	8,468	8,173	8,264
가동률(%) (일반영업장 테이블)	193	214	229	230	223	216

자료: 사행산업통합감독위, 2013. 4. 1.

국내 카지노업체 현황

구분	지역	업체명	테이블 게임	머신게임		총 대수	종사원 (명)	'12년 매출액 (백만 원)	영업장 면적 (㎡)
				릴	비디오				
외국인전용	서울	파라다이스카지노 워커힐	89	11	132	8종232대	942	372,756	3,178
		세븐럭카지노 (강남)	75	8	119	7종202대	892	266,654	6,059
		세븐럭카지노 (힐튼)	55	34	122	8종211대	470	212,823	2,811
	부산	세븐럭카지노 (부산)	47	13	77	7종137대	265	80,516	2,532
		파라다이스카지노 부산	38	-	53	6종91대	307	81,173	2,283
	인천	파라다이스카지노 (인천)	36	5	27	6종68대	343	77,450	1,311
	강원	코자나(알펜시아)	15	12	30	8종57대	39	670	689
	대구	인터불고 대구카지노	53	10	40	7종103대	203	15,082	3,473
	제주	더케이제주호텔카지노	42	–	20	6종62대	160	16,385	2,359
		파라다이스그랜드 카지노	26	44	9	5종79대	151	37,082	2,756
		파라다이스롯데카지노	33	46	2	7종81대	137	36,393	1,205
		신라호텔카지노	29	–	40	5종69대	152	9,386	1,953
		로얄팔레스카지노	33	–	32	5종65대	133	15,929	1,353
		골든비치카지노	28	16	–	5종44대	127	8,329	1,528
		엘베가스카지노	32	–	–	4종32대	109	13,129	2,124
		하얏트호텔카지노	18	10	–	6종28대	81	7,626	803
	소계		649	209	703	9종1,561대	4,511	1,251,383	36,425
내국인	정선	강원랜드카지노	200	400	960	9종1,560대	2,000	1,192,822	12,792
합계			849	609	1,663	9종3,121대	6,511	2,444,205	49,217

자료: 사행산업통합감독위, 2013. 4. 1. 기준 참조.

국내 외래 관광객 및 카지노 이용객 현황

연도	외래관광객(A)		카지노이용객(B)		외래관광객 대비 카지노이용객 수
	방문객 수	연평균 성장률	이용객 수	연평균 성장률	
2001	5,147,204	–	626,851	–	12.1
2002	5,347,468	3.9%	647,722	3.3%	12.1
2003	4,753,604	−11.1%	630,474	−2.6%	13.2
2004	5,818,138	22.4%	677,145	7.4%	11.6
2005	6,022,752	3.5%	574,094	−15.2%	9.5
2006	6,155,046	2.2%	988,715	72.2%	16.1
2007	6,448,240	4.8%	1,176,338	4.8%	18.2
2008	6,890,841	6.9%	1,276,772	8.5%	18.5
2009	7,810,000	13.3%	1,676,207	31.3%	21.5
2010	8,798,000	12.7%	1,945,819	16.1%	22.1
2011	9,795,000	11.3%	2,100,698	8.0%	21.4
2012	11,140,028	13.7%	2,383,587	13.5%	21.4

국적별 카지노 입장객 현황

구분	일본	비율	중국	비율	대만	비율	기타	비율	합계
2009	798,440	47.6	366,354	21.9	84,361	5.0	427,052	25.5	1,676,207
2010	798,993	41.1	585,163	30.1	91,808	4.7	469,855	24.1	1,945,819
2011	840,106	40.0	700,588	33.4	75,115	3.6	484,889	23.1	2,100,698

자료: 문화관광부 카지노 통계, 2012.

2) 국가별 카지노 전략 집단 분석 및 시사점

앞에서 살펴본 국가들의 카지노 개발 형태를 살펴보면 라스베이거스의 경우에는 각종 테마형 카지노 리조트들이 서로 밀집하여 도시를 형성하고 있는 형태이며, 마카오는 반도와 섬으로 구분되어 특정지역에 집중적으로 분포하고 있는 형태이다.

반면, 싱가포르는 대규모 복합리조트를 서로 보완할 수 있는 콘셉트로 도시를 양 축으로 나누어 개발하였다. 한편, 말레이시아와 강원랜드는 산악지역에 위치하고 있으면서 단일형태의 복합형 시설을 도입하고 있다.

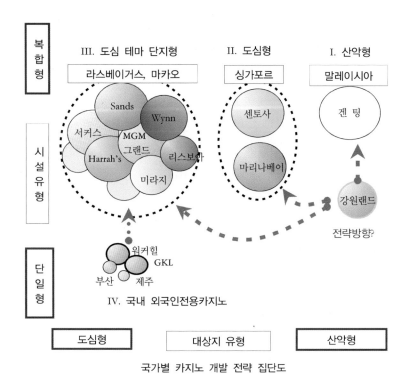

국가별 카지노 개발 전략 집단도

대부분의 국가들은 복합리조트 시설을 기본으로 도심형이나 단지형 개발을 추진하고 있는 상태이며, 말레이시아나 강원랜드는 독점 운영권을 바탕으로 단일형 복합리조트를 추구하고 있다.

필리핀 역시 카지노를 '엔터테인먼트 시티'로 개발하고자 하는데 라스베이거스와 유사한 형태의 개발모델을 지향하고 있다. 기타 대만, 중국, 일본 등의 국가들도 마찬가지로 복합리조트 시설 형태를 추구하고 있다.

국내 외국인 카지노의 경우는 대부분이 카지노 단독시설로서 호텔 등을 임대하여 운영하고 있는데 이들도 향후 복합시설형태로 발전할 수 있을 것이며, 사업다각화 차원에서 크루즈나 인수합병 등을 통해 사업범위를 확대할 수 있을 것으로 보인다.

강원랜드는 2025년까지 독점권을 보장받았으나 점차 수익성이 악화되고 있는 실정으로 향후 미래를 보장받기 위해서는 카지노 사업 위주로 사업다각화를 실현해야 할 것으로 보이며, 해외 카지노 사업자들이 온라인 사업을 통해 미래를 보장받으려 하듯이 오프라인 카지노 사업의 노하우를 바탕으로 온라인 카지노 사업 등의 분야에도 관심을 가질 필요성이 있다.

3. 기타 국가의 카지노 동향 및 전망

1) 필리핀 등 아시아 국가의 동향 및 전망

세계 카지노 현황을 살펴보면, 2009년 기준 약 120여 개 국가에 5,648여 개소가 운영 중에 있다. 대륙별로는 북미가 2,041개소로 가장 많으며, 유럽이 1,668개소로 그 뒤를 잇고 있는데 라스베이거스를 중심으로 한 북미지역과 마카오와 싱가포르의 신규 시장 진입에 힘입어 아시아지역이 카지노산업의 성장을 주도하고 있다고 해도 과언이 아니다.

한편, 싱가포르 정부의 복합리조트 개발의 성공으로 일본, 대만 등 아시아 국가들이 카지노 설립을 서두르고 있으며, 자국의 해외 원정 게임 방지, 카지노 부작용 해소 명분과 함께 고객 유치 경쟁이 심화되면서 복합 카지노 리조트 개발의 필요성이 급격히 확산되고 있는 상황이다.

겐팅이 최근 필리핀에 개장한 리조트 월드 마닐라

카지노 내 360도 공연장에서 고객과 함께 즐기는 이벤트

2013년에 엔터테인먼트 시티에 개장한 솔레어 리조트/레스토랑

필리핀이 수도 마닐라에 '리조트 월드 마닐라'를 개장한 데 이어서 약 12억 달러(1조 3,400억 원)를 투입하여 아시아 3위 규모의 초대형 카지노 '솔레어'를 오픈하는 등 마닐라 해안 매립지에 4개의 카지노를 포함한 '엔터테인먼트 시티' 건설에 박차를 가하고 있다.

이번에 선보인 'Solaire Resort and Casino'는 초대형 리조트 네 곳 중 처음으로 개장한 리조트로서 18,500평방미터의 카지노 영업장에 1,200개의 슬롯머신과 300대 테이블을 갖추고 있으며 1,800석의 브로드웨이 극장, 8개의 레스토랑과 스위트 룸, 빌라를 포함 500개의 객실을 갖추고 있다.

카지노 전문업체 '솔레어'는 리조트 스타일의 수영장, 바, 엔터테인민드 라운지를 갖추고 있고, 최첨단 연회장 및 회의 공간, 시설이 완비된 스파와 피트니스 센터가 있으며, 또한 세계적으로 유명한 요리사들을 고용해 최상의 요리를 제공하는 등 마닐라에 라스베이거스를 가져다 놓은 것 같은 느낌의 필리핀 최고의 통합 카지노 리조트로 자리매김하고 있다고 한다.

앞으로 필리핀에는 마카오 카지노업계 거물인 '멜코 크라운 엔터

솔레어의 VIP 고객을 위한 하이리밋 존 및 테이블 배치

테인먼트'와 필리핀 최고의 거부 헨리 시(Henry Sy)도 내년에 리조트를 개장할 계획이며, 말레이시아 카지노업계의 큰 손 '겐팅'과 억만장자 앤드류 탄도 카지노 개장을 준비 중이다.

일본 도박왕 카즈오 오카다도 네 번째 리조트를 건설하고 있다. 로렌스 호 '멜코 크라운' CEO는 마닐라에 아시아계 브랜드가 줄줄이 들어서는 것은 카지노업계의 "패러다임이 변화하고 있다는 사실을 잘 보여주는 것"이라고 설명했다.

전문가들은 현재 19억 달러(약 2조 1,000억 원)가량인 필리핀 카지노 관련 매출이 조만간 60억 달러(약 6조 7,000억 원)으로 3배 이상 증가할 것으로 전망하고 있다.

필리핀 정부는 카지노 영업세를 마카오(40%) 보다 훨씬 낮은 15%로 책정하는 등 카지노 산업을 집중 지원, 2016년까지 전 세계 관광객 1,000만 명을 유치한다는 방침이다.

필리핀 대형 카지노의 목적은 중국관광객을 확보하는 것이라고 한다. 앞으로 중국 관광객을 두고 각국의 쟁탈전이 불가피하다. 카지노 고객 전쟁인 것이다.

도박을 엄격히 금지하는 회교국인 아랍에미리트(UAE)의 두바이도 카지노 설립에 박차를 가하고 있다. 이유는 관광산업 발전이며, 이면에는 외국인 관광객의 이탈을 방지하고 내국인의 해외 원정도박을 차단하기 위한 목적도 있다.

아시아가 세계 최대의 관광 및 카지노 시장이 될 것으로 전망하고 각국이 카지노 유치를 위해 혈안이 되어 뛰고 있고, 거대 미국 카지노 자본들이 아시아 시장에 앞다투어 진출하려고 하고 있다.

향후, 인도, 일본, 태국, 대만 등도 조만간 카지노가 설립될 것이다. 중국 정부 역시 2013년 2월에 대만 마주 열도의 카지노 특구 조성에 대응해 본토 하이난(海南) 섬에 카지노 영업을 허용하였다. 미국의 MGM 그랜드사가 2개를 카지노 리조트를 건설할 것으로 보인다.

한편, 최근에는 내륙형 실내 카지노 형태에서 유람선을 이용한 선상 카지노, 인터넷 카지노 등 카지노가 다양한 유형으로 발달하고 있다.

특히 온라인 카지노는 컴퓨터 웹상으로 포커, 바카라, 블랙잭 등 다양한 카지노 게임을 할 수 있도록 하는 새로운 형태의 카지노라고 할 수 있는데 매년 30∼40%의 성장률을 기록하는 등 기존의 랜드 베이스형 카지노보다 빠른 성장을 하고 있다.

이미 유럽과 미국시장에서 선풍적인 인기를 끌고 있으며, 최근 항공기에 온라인 카지노 프로그램을 설치, 장시간의 여행 고객들에게 제공하고 있어 온라인 카지노는 육지와 바다뿐만 아니라 하늘에서도 카지노게임이 가능하게 되었다.

조만간 모바일 카지노 시장도 급격히 증가할 것으로 예상되어 카지노 시장은 그야말로 시간과 공간을 초월한 경쟁체제로 접어들고 있다. 이에 대한 대비책을 마련해야 하는 시점이다.

주요 아시아 국가 카지노 현황 및 동향

국가	산업 현황
마카오	◇ 1934년에 카지노가 도입, 경마·경견 등 다양한 관련사업 허용 ◇ 2013년 현재 35곳의 카지노가 운영되고 있으며, 게이밍 테이블 5,379대/슬롯머신 15,900대가 운영 중에 있음. ◇ 카지노 영업장은 2004년 14개소에서 2013년 35개소로 250% 증가 ◇ 게임종류·연령제한 등 최소한의 규제만 시행하는 정부 보호형
말레이시아	◇ 아시아·태평양 지역에서 4번째의 카지노 시장 ◇ 카지노 산업은 2005년 683백만 달러이며, 2010년 871백만 달러로 연평균 5.3%의 성장률을 예상 ◇ 말레이시아 카지노는 겐팅하이랜드 1개소만 운영되고 있으며, 게이밍 테이블 500대 / 슬롯머신 3,000대가 운영 중에 있음.
필리핀	◇ 1977년 공식적으로 카지노가 허가됨. ◇ 2004년 346백만 달러 규모이나, 2012년에는 1,900백만 달러 규모, 2016년에는 6,000백만 불의 규모 전망
싱가포르	◇ 2005년 카지노 관련 규제가 폐지된 이후, 2개 지역에 리조트 형태의 대규모 카지노 단지를 개발, 금융, 물류 중심에서 첨단산업, 생명과학 허브, 오락산업 메카를 아우르며 성장 엔진의 변화가 진행 중 ◇ 2010년 2개의 복합 카지노 개장/영업 중
일본	◇ 마카오의 시장 확장에 영향을 받아 카지노 합법화를 적극 추진 ◇ 2009년 10월 오사카부 도쿄도지사가 카지노 도입 선언 ◇ 초당적 합법화 추진으로 2020년 오픈 예상
대만	◇ 2009년 1월 카지노 합법화 ◇ 대만과 중국 사이에 위치한 펑후섬에 카지노 건설 추진
홍콩	◇ 카지노는 현재 불법이나, 경마·복권 등의 사업은 시행 중 ◇ 첵랍콕 국제공항이 위치한 란타우섬에 최고급의 호텔 카지노단지를 설립하는 계획을 제안하였음. ◇ 일본의 경우처럼 마카오의 관광객 유인한 목적으로 추진 중
베트남	◇ 소규모로 License를 가진 4개의 외국인전용 카지노가 운영되고 있음.
캄보디아	◇ 2010년 현재 32개의 카지노를 보유하고 있으며, 대부분이 태국과 베트남 사이 국경지대에 위치함 ◇ 2010년 7월 현재 한국 Developer Intercity Group이 카지노리조트 단지 투자 진행 중
중국	◇ 중국 본토 하이난 섬에 대규모 카지노 건설 중

제3장

카지노 게임의 이해 -
카지노의 실체는 무엇인가

1. 카지노와 카지노 게임

1) 카지노의 정의

카지노란 '작은 집'이라는 이탈리아어 카자(casa)가 어원으로 르네상스시대의 귀족이 소유하고 있었던 사교, 오락용의 별관으로, 도박, 음악, 쇼, 댄스 등 여러 가지의 오락시설을 갖춘 연회장을 뜻하였다.

지금은 해변, 온천, 휴양지 등에 있는 전문 겜블링을 위한 일반 실내 게임장을 의미하는 데 웹스터 사전에 의하면 카지노란 전문 겜블링(Professional Gambling)을 위해 사용되는 건물이나 장소로서 음악·댄스·쇼 등 여러 가지 오락시설을 갖춘 곳으로 인식되고 있다.

카지노는 일반적으로 사교나 여가선용을 위한 공간으로서 주로 게임이 이루어지고, 최근에는 단순히 게임만을 제공하는 차원에서 벗어나 먹고, 자고, 쉴 수 있는 부대시설을 갖추고 있으며, 가족 여행객을 포함한 대중관광객을 유치하기 위한 복합리조트 시설의 수익모델로서 필수시설로 인식되고 있다.

2) 카지노 게임의 종류 및 방법

(1) 카지노 게임의 종류

카지노 게임은 테이블 게임(Table Game), 머신 게임(Machine Game), 포커 게임(Poker Game) 등 크게 세 가지로 구분할 수 있다.

테이블 게임은 주로 카드를 이용하거나 주사위, 또는 스피닝 휠 등을 활용한 게임이며, 머신은 릴이나 비디오 게임으로 구분한다. 최근에는 테이블 게임을 기계화한 전자테이블 게임이 인기를 얻고 있다.

전 세계적으로 널리 알려져 있는 게임은 크게 30종 정도이고 우리나라에서는 20종을 허가하고 있다.

<우리나라 카지노게임 허가 종목>

룰렛(Roulette), 블랙잭(Blackjack), 다이스(Dice, Craps), 포커(Poker), 마작(Mahjong), 바카라(Baccarat), 다이사이(Tai Sai), 키노(Keno), 빅휠(Big Wheel), 판탄(Fan Tan), 트란타 콰란타(Trent Et Quarante), 빠이 까우(Pai Cow), 조커 세븐(Joker Seven), 라운드 크랩스(Round Craps), 프렌치 볼(French Boule), 슬롯머신(Slot Machine), 차카럭(Chuck-A-Luck), 비디오게임(Video Game), 빙고(Bingo), 카지노워(Casino War)

미국 라스베이거스의 베네시안 카지노는 120,000 sq. ft.(3,372평)에 2,724대의 머신 게임과 304대의 테이블 및 포커 게임을 보유하고 있다. 테이블 및 포커의 종류로는 3Card Poker, Baccarat, Blackjack,

Caribbean Stud Poker, Casino War, Craps, Let it Ride, Mini-Baccarat, Other Games, Pai Gow Poker, Pai Gow Tiles, Poker, Roulette, Spanish 21, Wheel-of-Fortune, 등 15종 정도이다.

마카오 베네시안 카지노에는 550,000 sq. ft.(15,457평)에 3 Card Poker, Baccarat, Blackjack, Caribbean Stud Poker, Chinese Sic Bo (Big-Small), Poker, Roulette 등 950대의 테이블 및 포커게임과 3,000대의 머신게임을 운영하고 있다. 마카오 베네시안이 라스베이거스 베네시안 카지노보다 면적이 5.4배가 넘고, 게임 테이블은 3배가 조금 넘는다.

우리나라 강원랜드는 3,870평에 테이블 및 포커게임 200대, 머신 1,360대를 보유하고 있다.

테이블의 종류로는 3 Card Poker, Baccarat, Blackjack, Caribbean Stud Poker, Tai Sai, Texas Holdem Poker, Roulette, Big Wheel 등이 있고, 전자 라이브 게임도 두 대가 운영되고 있다.

<라스베이거스 The Venetian Resort-Hotel-Casino 게임 종류>

Gaming Machines — 2,724 total(20종)
- Anchor's Wheel of Gold — $.25, 28 machines — $0.25 to $0.75 bets
- Anchor's Wheel of Gold — $5.00, 3 machines — $5.00 to $15.00 bets
- Dollar Slots, 769 machines
- Five Dollar Slots, 217 machines
- Five Hundred Dollar Slots, 25 machines
- Half Dollar Slots, 23 machines
- Hundred Dollar Slots, 38 machines
- IGT — Megabucks, 9 machines
- IGT — Wheel of Fortune Progressive Dollar Slots — $0.25/$0.50/$1.00/ $5.00 minimum bet

- IGT Elvis — $0.25/$1.00 minimum bet
- IGT Jeopardy — $0.25 minimum bet
- IGT Party Time — $0.25 minimum bet
- IGT Quarters Deluxe — $0.25 minimum bet
- Nickel Slots, 321 machines
- Other Slots, 36 machines
- Penny Slots, 694 machines
- Progressive Slots
- Quarter Slots, 902 machines
- Twenty Five Dollar Slots, 52 machines
- Video Poker, 557 machines — $.05/.25/.50/1/2/5/10/25/100 minimum bet

Table and Poker Games — 304 total(15종)

- 3 Card Poker, 8 tables
- Baccarat, 40 tables
- Blackjack, 140 tables
- Caribbean Stud Poker, 4 tables
- Casino War
- Craps, 17 tables
- Let it Ride, 4 tables
- Mini-Baccarat, 4 tables
- Other Games, 19 tables
- Pai Gow Poker, 7 tables
- Pai Gow Tiles, 2 tables
- Poker, 59 tables
- Roulette, 23 tables
- Spanish 21
- Wheel−of−Fortune, 2 tables
- Other Gaming(2종)
- Race Book
- Sports Book (Visit our directory of Online Sportsbooks!)

(2) 게임의 방법 및 배당률

○ 빅 휠

카지노를 처음 방문하는 고객들이 사전 지식이 없어도 가장 쉽게 즐길 수 있는 게임으로 일명 빅 식스(Big Six), 휠 오브 포춘(Wheel of Fortune) 또는 머니 휠(Money Wheel)이라 불리기도 한다.

빅 휠 게임기

딜러가 손으로 돌리면서 시작되는 빅 휠은 서서히 회전하는 속도가 떨어지다가 수레바퀴 게임기 상단부에 있는 스토퍼(Stopper: 가죽 띠)가 특정 숫자에 멈추게 되면 끝나게 되는데, 이때 스토퍼가 가리키는 곳이 당첨이 되는 곳이다.

커다란 수레바퀴(Big Wheel)에는 총 54개의 칸막이가 있고, 그 칸막이에는 1, 2, 5, 10, 20, Mega, Joker 등으로 이름 붙여진 일곱 종류의 시상이 나뉘어져 있다. 시상의 종류는 일곱 가지이지만 Mega와 Joker의 배당은 40배로 같기 때문에 빅 식스(Big Six)로 불리기도 한다.

보통 칸의 반 정도는 1:1의 배당, 나머지 반 정도는 1:2의 배당, 또 나머지의 반 정도는 1:5의 배당으로 나누어져 있다.

이 게임 기구는 '행운의 바퀴(Wheel of Fortune)' 글자 그대로 고객의 운을 시험할 수 있으며, 고액배당이 가능하고 흥겨운 분위기를 연출할 수 있기 때문에 고객들의 시야에서 쉽게 띌 수 있는 카지노 입구 쪽에 배치해놓고 운영하며, 입장객을 대상으로 무료 음료수를 제공해 주거나 단순한 경품을 제공하는 이벤트용으로도 활용하고 있다.

그러나 다른 게임에 비해 상대적으로 카지노 어드밴티지가 높아 짧은 시간에 돈을 잃을 수 있으니 가급적 운이 좋다고 생각될 때만 하는 것이 좋다는 것이 필자의 의견이다.

베팅 확률 및 배당률

베팅장소	칸막이 배분	확률	배당률
1	25	44.4%	1:1
2	15	27.8%	1:2
5	7	12.9%	1:5
10	4	7.4%	1:10
20	2	3.7%	1:20
Joker	1	1.9%	1:40
Mega	1	1.9%	1:40

자료: http://wizardofodds.com

○ 룰렛

 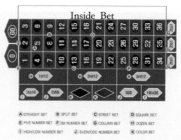

룰렛 휠 및 테이블 배치도

룰렛(Roulette)은 'Roue'와 'lette'의 합성어로서 'Roue'는 프랑스어로 영어의 'Wheel(바퀴)'이란 의미이며, 'lette'은 이탈리아어로서 영어의 'little(작은)'과 같은 의미이다. 즉 '돌아가는 작은 바퀴'라는 정도로 이해하면 된다.

룰렛 게임이란 룰렛 휠과 룰렛 볼을 사용하여 룰렛 볼이 37 또는 38개의 숫자로 이루어진 휠의 어떤 숫자에 낙착하는가를 알아맞히는 게임으로 딜러가 비금속성의 볼을 회전판이 돌아가는 반대방향으로 돌려 회전판 번호의 포켓에 볼이 낙착되면 그 번호와 관련된 곳에 베팅한 플레이어가 이기는 게임이다.

38개의 휠 중 어떤 숫자에 정확히 맞히면 베팅한 액수의 35배가 지불되기 때문에 확률은 낮지만 배당은 높은 편이다.

딜러가 룰렛 볼을 휠 회전방향의 반대방향으로 돌리고 "no more bet"이라고 콜(call)할 때까지 테이블에 그려진 번호 및 색깔에 베팅을 하면 되며, 회전하던 볼이 숫자가 표시된 휠에 떨어져 멈추게 되면 딜러가 당첨숫자를 Call하고 레이아웃 상의 해당 숫자에 "윈 마커(Win Marker)"를 올려놓고, Losing Bet은 수거하고, Winning Bet에 대해서는 정해진 배당률에 따라 지급한다.

카지노 테이블 게임 중 비교적 쉬운 게임으로 알려져 있으며 가장 대중적인 카지노 게임 중의 하나이다. 룰렛 게임에서는 베팅한 고객을 구별하기 위하여 고객별로 다른 색깔의 룰렛용 칩을 사용한다.

베팅은 인사이드 벳(In side bet)과 아웃사이드 벳(Out side bet)으로 구분할 수 있는데, 인사이드 벳이란 레이아웃 안쪽 숫자에 베팅을 하는 것을 말하며 Straight Bet(35배), Split Bet(17배), Square Bet(8배), Street Bet(11배), Six Number Bet(5배), Five Number Bet(6배), Three

Number Bet(11배)이 지급된다.

아웃사이드 벳은 Column Bet(2배), Dozen Bet(2배), Out Side Bet(1배)으로 구분되며, Out Side Bet(1배)에는 다시 Low Number Bet, High Number Bet, Even Number Bet, Odd Number Bet, Red Number Bet, Black Number Bet으로 구분된다.

일반적으로 룰렛 게임의 이론적 승률(House Edge)은 5.26%이며, 손실을 줄이기 위해 가급적 많은 숫자를 커버할 수 있는 최적의 베팅을 찾아내기만 한다면 플레이어의 승률을 높일 수 있는 게임이기도 하다.

베팅 확률 및 House Edge

Double−Zero Roulette			
Bet	Pays	Probability Win	House Edge
Red	1	47.37%	5.26%
Black	1	47.37%	5.26%
Odd	1	47.37%	5.26%
Even	1	47.37%	5.26%
1 to 18	1	47.37%	5.26%
19 to 36	1	47.37%	5.26%
1 to 12	2	31.58%	5.26%
13 to 24	2	31.58%	5.26%
25 to 36	2	31.58%	5.26%
Six line(6 numbers)	5	15.79%	5.26%
First five(5 numbers)	6	13.16%	7.89%
Corner(4 numbers)	8	10.53%	5.26%
Street(3 numbers)	11	7.89%	5.26%
Split(2 numbers)	17	5.26%	5.26%
Any one number	35	2.63%	5.26%

자료: http://wizardofodds.com/

딜러뿐만 아니라 게임 참여자 역시 Lay Out의 배수 및 명칭은 반드시 암기해야 유리한데, 배당에 문제가 있으면 이의 제기를 해야 하기 때문이다. 모르면 배당을 받아야 함에도 불구하고 그냥 지나칠 수밖에 없다. 대부분의 카지노에서는 모니터를 통해 다시 확인할 수 있으므로 지나간 게임당첨금도 되돌려 받을 수 있다.

딜러들은 보통 17배수, 35배수는 적어도 각 10개까지는 암기하고 있으며, 또한 자주 나오는 패턴에 대하여도 신속한 계산 및 빠른 진행을 위해 암기해두면 유리하다.

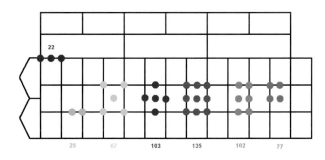

패턴별 배수 현황표

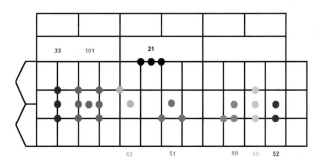

주로 자주 나오는 패턴은 암기하는 것이 좋다.

○ 다이사이(Tai Sai)

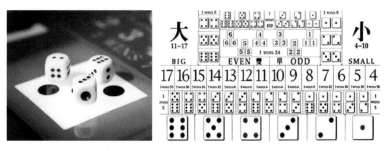

다이사이 게임용 주사위 3개, 테이블 레이아웃

다이사이는 고대부터 유명한 중국의 게임으로 유리 용기 안에 있는 주사위 3개를 3회 또는 4회를 진동시킨 후, 뚜껑을 벗겨 3개의 주사위가 표시한 각각의 숫자 또는 구성되어 있는 여러 숫자의 조합에 베팅하는 게임이다.

게임은 딜러가 "Place your bet"하고 콜을 하면 플레이어는 각자가 원하는 1개, 2개 또는 3개의 번호 아니면 3개 주사위의 합을 골라 베팅을 하면서 시작된다.

3개 주사위의 합은 똑같은 주사위가 3개가 나오는 경우 계산상 최소 3에서 최대 18까지의 숫자 조합이 가능하며, 그 외에도 대(3개 주사위의 합이 11~17), 소(3개 주사위의 합이 4~10), 홀수, 짝수 맞추기 등의 다양한 유형이 있다.

테이블 게임 중 가장 큰 배당(1:150)이 가능한 게임으로서 자신의 행운을 시험할 수 있다는 점에서 인기가 높다.

베팅 확률 및 하우스 에지

구분	명칭		배당	확률	Edge
1	Big(大) Bet/Small(小) Bet		1:1	48.61	2.78
2	Even Bet/Odd Bet		1:1	48.61	2.78
3	Pair Dice Bet		1:8	7.41	33.33
4	Triple Bet		1:150	0.46	30.9
5	Any Triple Bet		1:24	2.78	30.56
6	Total Number Bet	4,17	1:50	1.39	15.18
7		5,16	1:30	2.78	13.89
8		6,15	1:18	4.63	16.67
9		7,14	1:12	6.94	9.72
10		8,13	1:8	9.72	12.5
11		9,10,11,12	1:6	11.57	18.98
12	Domino Bet		1:5	13.89	16.67
13	Single dice bet				
	−하나의 숫자와 일치할 때		1:1	34.72	
	−2개의 숫자와 일치할 때		1:2	6.94	7.87
	−3개 모두 동일한 숫자일 때		1:3	0.46	

자료: http://wizardofodds.com

○ 블랙잭

블랙잭 카드   테이블 레이아웃

일명 '21(Twenty one)'이라 불리기도 하는 블랙잭은 카드의 합이 21 또는 21에 가까운 숫자를 만들어 딜러보다 그 숫자가 높으면 이기는 게임으로, 전 세계적으로 가장 인기 있는 게임 중의 하나이다.

이 게임은 2장 또는 그 이상의 Card를 받아 합한 점수가 21에 가깝도록 만들기 위해 고객과 Dealer가 승부를 겨루는 Game으로, 고객은 Card의 합이 "21" 또는 "21"에 가까운 숫자를 얻기 위해 원하는 만큼의 Card를 받을 수 있지만 Dealer는 고객과 달리 16까지는 의무적으로 Card를 받아야 하며, 17 이상은 Card를 받을 수 없어 플레이어에게 가장 유리한 게임으로 알려져 있다.

블랙잭은 주로 카드 6덱(여섯 패의 카드를 한데 섞어 게임하는 것, 52장×6덱＝312장)을 섞은 후 게임하는 방식이 보편화되어 있는데 기본적인 게임규칙은 세계 어느 곳이든지 동일하지만, 카지노의 하우스 룰(House Rule)에 따라 약간씩 다른 규칙도 있다.

게임은 플레이어가 테이블에 표시된 각각의 베팅장소에 최저(Min)에서 최고(Max)베팅액 사이의 칩을 베팅하면서 시작되며, 베팅이 끝나면, 딜러가 셔플한 후 카드를 모아 둔 사각 통에서 카드를 딜(deal)한다. 모든 플레이어와 딜러는 두 장의 카드를 받고, 딜러가 먼저 자신의 카드 중 한 장을 오픈한다.

고객에게 드로잉된 최초 카드 2장(initial two card)의 숫자 높낮이에 따라 추가 카드를 받거나(Hit) 멈출(Stay＝Stand) 수 있다. 플레이어는 딜러보다 불리하다고 판단되면 베팅금액의 절반을 포기(Surrender)하는 조건으로 게임을 종료할 수도 있으나, 딜러는 이니셜 투 카드가 16 이하일 때, 17 이상이 될 때까지 카드를 받아야만 한다.

딜러와 플레이어 모두 21을 초과하면 지게 되는데 이를 버스트

(Bust), 혹은 오버(Over)라고 하는데 플레이어가 버스트하게 되면 해당 핸드의 게임은 종료되고, 딜러가 버스트하게 되는 경우에는 숫자에 상관없이 버스트하지 않은 플레이어가 이기게 된다.

플레이어와 딜러 카드의 숫자를 비교하여, 딜러보다 높은 숫자를 가진 플레이어의 베팅금액은 지급하고, 딜러보다 낮은 숫자의 카드를 가진 플레이어의 베팅금액은 수거하며, 딜러와 플레이어의 카드 숫자의 합이 같을 경우(Push) 비기게 되어 지급, 수거 없이 게임은 종료된다.

이니셜 투 카드(처음 2장의 카드)의 조합이 A＋any10(10, J, Q, K으로, 합이 "21"인 경우가 가장 높은 카드이며, 이를 블랙잭이라고 하는데 플레이어가 블랙잭일 경우 카지노 회사의 정책에 따라 1.5배 (3 to 2) 혹은 1.2배(6 to 5)를 지급한다.

'Ace'는 1 또는 11로 계산되며, 그림카드(King, Queen, Jack)는 모두 10으로 계산되고 그 외 카드는 표시된 숫자대로 계산된다. 게임 참여를 위해서는 히트(Hit), 스테이(Stay = Stand), 푸시(Push), 버스트 (Bust = Over), 블랙잭(Blackjack), 더블다운(Double Down), 스플릿(Split), 이븐 머니(Even Money), 인슈어런스(Insurance), 페어 벳(Pair Bet), 서렌더(Surrender) 등의 룰을 정확히 숙지해야 한다.

실제 경험적으로 플레이어가 '게임의 기본 전략'을 완벽하게 이해한 상태에서 카드 카운팅(빠진 카드를 기억하여 남아 있는 카드를 판단하여 베팅하는 것)까지 철저히 습득을 하는 동시에 게임의 룰이 플레이어에게 가장 유리한 카지노를 찾아서 게임을 한다면 카지노의 어드밴티지가 마이너스(－)가 될 수 있는 게임이다.

이론적으로는 블랙잭의 승률은 6덱의 경우 0.43%, 8덱의 경우

0.45% 정도 카지노가 높은 것으로 알려져 있으며, 실력과 게임 룰에 따라 −0.03~5% 정도까지 차이가 있다고 한다.

대부분의 카지노 도박사라 불리는 사람들은 블랙잭 또는 포커 플레이어인데 룰렛, 다이사이 등의 게임은 플레이어가 일정한 장소에 베팅을 하면 그다음부터는 플레이어의 의지와 관계없이 운에 맡겨야 하지만 이 게임들은 게임 중간에 플레이어가 판단할 수 있도록 되어 있어 플레이어의 실력여부가 반영될 수 있는 구조이기 때문이다.

카지노 회사는 카드 카운팅을 방지하기 위해 기계 셔플기를 이용하여 남아 있는 카드를 셀 수 없는 조건으로 운영하고 있으며, 전문 게임자로 판단되면 출입을 금지하는 방법으로 대응하고 있다.

Black Jack House Edge

블랙잭의 하우스 승률(Edge)은 6,912개 룰의 조합에 따라 변한다. 카드의 덱 수, 딜러의 히트와 스탠드, 서렌더 룰, 지급배수 등에 따라 변경되는 승률은 다음과 같다.

1덱의 카드로 게임할 경우, 동일 조건에서(딜러 17에서 스탠드, 서렌더 미적용, 블랙잭 지급배수 1.5배)의 경우 하우스 에지는 −0.03119% 이고, 6덱의 경우는 0.42622%, 8덱의 경우는 0.44686%로 조금씩 높아지는 구조이다.

<1덱의 카드로 게임할 경우 하우스 에지>

Number of decks of cards used: <u>1</u> 2 4 5 6 8
Dealer hits or stands on a soft 17: **Stands,** Hits
Player can double after a split: No **Yes**
Player can double on: **Any first two cards,** 9−11 only, 10-11 only
Player can resplit to: 2, 3, **4 hands**
Player can resplit aces: **No,** Yes
Player can hit split aces: **No,** Yes
Player loses only original bet against dealer BJ: No, **Yes**
Surrender rule: **None** Late
Blackjack pays: **3 to 2,** 6 to 5

Optimal results: −0.18289%
Realistic results: −0.03119%

<6덱의 카드로 게임할 경우 하우스 에지>

Number of decks of cards used: 1 2 4 5 <u>6</u> 8
Dealer hits or stands on a soft 17: **Stands,** Hits
Player can double after a split: No **Yes**
Player can double on: **Any first two cards,** 9−11 only, 10−11 only
Player can resplit to: 2, 3, **4 hands**
Player can resplit aces: **No,** Yes
Player can hit split aces: **No,** Yes
Player loses only original bet against dealer BJ: No, **Yes**
Surrender rule: **None** Late
Blackjack pays: **3 to 2,** 6 to 5

Optimal results: 0.40312%
Realistic results: 0.42622%

<8덱의 카드로 게임할 경우 하우스 에지>

Number of decks of cards used: 1 2 4 5 6 **8**
Dealer hits or stands on a soft 17: **Stands,** Hits
Player can double after a split: No **Yes**
Player can double on: **Any first two cards,** 9 − 11 only, 10 − 11 only
Player can resplit to: 2, 3, **4 hands**
Player can resplit aces: **No,** Yes
Player can hit split aces: **No,** Yes
Player loses only original bet against dealer BJ: No, **Yes**
Surrender rule: **None** Late
Blackjack pays: **3 to 2,** 6 to 5

Optimal results: 0.43096%
Realistic results: 0.44686%

자료: http://wizardofodds.com/

○ 바카라

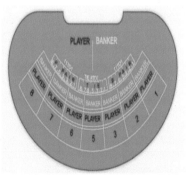

바카라 9 카드   바카라 테이블 레이아웃

바카라(Baccarat)는 이탈리아어로 '0'을 의미하는 것으로 세 장의 카드 합이 0일 때 Baccarat라고 부르며, 프랑스에서는 플레이어와 뱅커로 나누어 Punto(Player), Banco(Banker) 푼토반코라고도 부른다. 이 게임은 두 장의 카드를 받아 합이 먼저 '9'가 되거나 '9'에 가까운 쪽이 이기는 게임이다.

Ace는 1로만 계산하고 10과 그림카드는 모두 0으로 계산된다. 그 외의 카드는 모두 표시된 숫자로 계산된다. 합이 두 자리 숫자가 되면 10단위는 버리고 1단위만 유효한 숫자로 처리한다.

플레이어나 뱅커 사이드 중 어느 쪽이든 두 장의 합이 9, 8(Natural) 이면 게임은 종료되며, 플레이어의 두 장의 합이 7일 때는 스탠드 (Stand), 양쪽이 모두 스탠드일 때 추가 카드 드로잉 없이 게임은 종료된다.

플레이어, 뱅커 양쪽 모두 스탠드보다 낮을 경우 플레이어가 먼저 한 장을 받으며 다음의 룰에 따라 게임을 진행한다.

Player

◇ 뱅커 카드의 합이 'Natural'이 아닌 경우 플레이어는 두 장의 카드 합이 5 이하가 되면 무조건 세 번째 카드를 받으며 다음의 규칙을 준수한다.

플레이어 처음 두 장 카드의 합	Rule
0 1 2 3 4 5(5 이하)	3rd 카드를 받는다.
6 7	카드를 더 받지 않고 'stand'한다.
8 9	'natural'로 게임이 종료된다.

Banker

◇ 플레이어가 6 또는 7로 스탠드 할 때 뱅커 두 장 카드의 합이
 5 이하면 3rd 카드를 받는다.

◇ 플레이어 카드의 합이 'Natural'이 아닌 경우 뱅커는 두 장의
 카드 합이 2 이하가 되면 무조건 3rd 카드를 받고, 다음의 규
 칙을 준수한다.

뱅커 처음 두 장 카드의 합	플레이어의 3rd 카드가 다음과 같을 때	
	받는 경우	받지 않는 경우
0 1 2	3rd 카드에 관계없이 받음.	
3	0 1 2 3 4 5 6 7 9	8
4	2 3 4 5 6 7	8 9 0 1
5	4 5 6 7	8 9 0 1 2 3
6	6 7	8 9 0 1 2 3 4 5
7	'stand'(카드를 더 이상 받지 않음.)	
8 9	'natural'(게임이 종료됨.)	

Stand

Player	Banker	Rule
6 7	6 7	Tie
6	7	Banker win
7	6	Player win

9 또는 9에 가까운 Value를 가진 쪽이 Winner가 되며 베팅금액의
1배를 지불한다. Value가 같을 경우에는 무승부(Tie)가 되는데, 무승
부일 경우, 이때 Tie에 베팅한 플레이어는 8배를 받게 된다.

수학적으로 Banker의 확률이 조금 더 높기 때문에 Banker 사이드에 베팅을 하여 이겼을 경우에는 5%(카지노에 따라 가격정책에 따라 변동적임)의 커미션(commission)을 카지노가 가지는 경우가 있다. 물론 노 커미션으로 운영하는 곳도 많다. 커미션을 계산하는 것보다 회전수를 높여 수입을 올리는 것이 더 유리할 수도 있기 때문이다.

바카라는 High Roller들이 가장 즐겨하는 게임으로 회전이 빠르고 베팅금액이 커서 짧은 시간에 많은 돈이 오가는 게임이기도 하다.

초기에는 하이 롤러 중심의 'Main Baccarat'만 존재하였으나, 신속하고 적은 베팅도 수용할 수 있도록 Mini Baccarat가 개발되었으며, Main과 Mini의 중간형인 Midi도 도입되었다.

플레이어에게 확률이 가장 높은 게임으로 대부분의 카지노가 베팅 최고액을 설정하여 운영하고 있다. 바카라로 전 재산을 날린 사람들 사이에 '악마의 꽃'으로 불리는 소설이 나올 정도로 바카라는 카지노 게임의 대표적인 게임이다.

확률이 높은 바카라 게임의 경우 자금이 조달될 수 있는 경우 계속 2배로 베팅을 하면 결국 플레이어가 유리해질 수밖에 없다. 그러므로 대부분의 카지노 회사는 손실을 방지하는 차원에서 베팅 금액의 상한선과 하한선을 두고 운영하고 있다.

Baccarat의 House Edge

1덱의 카드로 게임할 경우 banker bet의 하우스 에지는 1.01%이고, 플레이어 벳의 하우스 에지는 1.29%, 타이는 15.75%이다.

6덱의 카드로 게임할 경우 878,869,206,895,680번의 조합이 가능하며, 이때 뱅커가 이길 확률은 0.458653, 플레이어가 이길 확률은 0.446279이고, 타이가 나올 확률은 0.095069이다. 뱅커의 하우스 에지는 1.06%이고, 플레이어의 에지는 1.24%, 타이는 14.44%, 페어 11.25%이다.

8덱의 카드로 게임을 할 경우 4,998,398,275,503,360번의 조합이 가능하며, 뱅커가 이길 확률은 0.458597이고, 플레이어가 이길 확률은 0.446247이다. 반면, 타이가 나올 경우는 0.095156이다. 뱅커 벳의 하우스 에지는 1.06%이고, 플레이어 벳의 하우스 에지는 1.24%로 플레이어 측이 높다. 그리고 타이 벳은 14.36%, 페어 벳은 10.36%이다. 게임의 룰과 카드 덱수에 따라 하우스 에지가 차이가 발생하므로 조금이라도 좋은 조건의 테이블을 찾아 게임을 하면 유리하다.

6덱의 카드로 게임할 경우 하우스 에지

Banker Bet - 6 Decks				
Event	Pays	Combinations	Probability	Return
Banker wins	0.95	403,095,751,234,560	0.458653	0.43572
Player wins	-1	392,220,492,728,832	0.446279	-0.446279
Tie	0	83,552,962,932,288	0.095069	0
Total		878,869,206,895,680	1	-0.010558

Player Bet - 6 Decks				
Event	Pays	Combinations	Probability	Return
Banker wins	-1	403,095,751,234,560	0.458653	-0.458653
Player wins	1	392,220,492,728,832	0.446279	0.446279
Tie	0	83,552,962,932,288	0.095069	0
Total		878,869,206,895,680	1	-0.012374

Tie Bet - 6 Decks				
Event	Pays	Combinations	Probability	Return
Banker wins	−1	403,095,751,234,560	0.458653	−0.458653
Player wins	−1	392,220,492,728,832	0.446279	−0.446279
Tie	8	83,552,962,932,288	0.095069	0.76055
Total		878,869,206,895,680	1	−0.144382

Pair Bets - 6 Decks				
Event	Pays	Combinations	Probability	Return
Pair	11	3,588	0.073955	0.813505
No pair	−1	44,928	0.926045	−0.926045
Total		48,516	1	−0.11254

8덱의 카드로 게임할 경우 하우스 에지

Banker Bet - 8 Decks				
Event	Pays	Combinations	Probability	Return
Banker wins	0.95	2,292,252,566,437,888	0.458597	0.435668
Player wins	−1	2,230,518,282,592,256	0.446247	−0.446247
Tie	0	475,627,426,473,216	0.095156	0
Total		4,998,398,275,503,360	1	−0.010579

Player Bet - 8 Decks				
Event	Pays	Combinations	Probability	Return
Banker wins	−1	2,292,252,566,437,888	0.458597	−0.458597
Player wins	1	2,230,518,282,592,256	0.446247	0.446247
Tie	0	475,627,426,473,216	0.095156	0
Total		4,998,398,275,503,360	1	−0.012351

Tie Bet — 8 Decks

Event	Pays	Combinations	Probability	Return
Banker wins	−1	2,292,252,566,437,888	0.458597	−0.458597
Player wins	−1	2,230,518,282,592,256	0.446247	−0.446247
Tie	8	475,627,426,473,216	0.095156	0.761248
Total		4,998,398,275,503,360	1	−0.143596

Pair Bets — 8 Decks

Event	Pays	Combinations	Probability	Return
Pair	11	6448	0.074699	0.821687
No pair	−1	79872	0.925301	−0.925301
Total		86320	1	−0.103614

Baccarat Calculator

<Shoe Composition 6 Deck>

Rank	Count
10s &Faces	96
Aces	24
2s	24
3s	24
4s	24
5s	24
6s	24
7s	24
8s	24
9s	24

Overview

Outcome	Combinations	Probability	Return			
			Banker Bet	Player Bet	Tie Bet 8 to 1	Tie Bet 9 to 1
Banker wins	403,095,751,234,560	0.458653	0.435720	−0.458653	−0.458653	−0.458653
Player wins	392,220,492,728,832	0.446279	−0.446279	0.446279	−0.446279	−0.446279
Tie	83,552,962,932,288	0.095069	0.000000	0.000000	0.760550	0.855618
Totals	878,869,206,895,680	1.000000	−0.010558	−0.012374	−0.144382	−0.049313

자료: http://wizardofodds.com/

Shoe Composition 8Deck

Rank	Count
10s &Faces	128
Aces	32
2s	32
3s	32
4s	32
5s	32
6s	32
7s	32
8s	32
9s	32

Outcome	Combinations	Probability	Return			
			Banker Bet	Player Bet	Tie Bet 8 to 1	Tie Bet 9 to 1
Banker wins	2,292,252,566,437,888	0.458597	0.435668	−0.458597	−0.458597	−0.458597
Player wins	2,230,518,282,592,256	0.446247	−0.446247	0.446247	−0.446247	−0.446247
Tie	475,627,426,473,216	0.095156	0.000000	0.000000	0.761248	0.856404
Totals	4,998,398,275,503,360	1.000000	−0.010579	−0.012351	−0.143596	−0.048440

자료: http://wizardofodds.com/

<룰의 변동 효과>

카드 8덱, 딜러 스탠드 17, 스필릿 후 더블 허용했을 경우, 미국 표준 룰로 적용했을 경우 플레이어의 기대 효과는 아래 표와 같이 변동된다. 플레이어는 카드 덱을 높일수록 기대수익이 감소하고, 지불배수를 적게 적용받을수록 손실이 증가한다(하우스는 카드 덱을 높일수록 기대수익이 증가하고, 지불배수를 적게 할수록 이익이 증가).

Rule Variations	
Rule	Effect
Single deck	0.48%
Early surrender against ten	0.24%
Player may double on any number of cards	0.23%
Double deck	0.19%
Player may draw to split aces	0.19%
Six−card Charlie	0.16%
Player may resplit aces	0.08%
Late surrender	0.08%
Four decks	0.06%
Five decks	0.03%
Six decks	0.02%
Split to only 3 hands	−0.01%

Player may double on 9－11 only	－0.09%
Split to only 2 hands	－0.10%
European no hole card	－0.11%
Player may not double after splitting	－0.14%
Player may double on 10, 11 only	－0.18%
Dealer hits on soft 17	－0.22%
Blackjack pays 7－5	－0.45%
Blackjack pays 6－5	－1.39%
Blackjacks pay 1 to 1	－2.27%
자료: http://wizardofodds.com/	

○ 포커

로열 플러시

Ace 포커 카드

포커는 기본적으로 각자 카드 5장씩을 가지고 수학적 확률에 따른 카드 가치를 기본으로 그것이 이루는 패를 겨루는 게임인데 작전에 따라서 낮은 패를 가진 사람이 이길 수도 있는 게임이다.

포커에는 그 수를 정확히 나타낸 자료는 아직 없지만 약 150여

가지의 게임이 있을 정도로 여러 종류의 게임이 있으나, 패의 가치는 그 패의 수학적 확률에 반비례하여 높아진다는 공통점이 있다.

크게는 자기가 받은 카드를 바꿀 수 있는 드로 포커(draw poker)와 한번 받은 카드는 바꿀 수 없는 스터드 포커(stud poker)로 크게 나뉜다. 포커는 미국 국민들이 가장 즐기는 게임의 하나로서 가장 미국적이고 가장 신사적이며 가장 합리적인 게임의 대명사로서 오늘날 세계 모든 사람들이 가장 즐기는 게임의 하나로 자리를 잡게 되었다.

○ 캐러비안 스터드 포커

캐리비안 스터드 포커는 카드 1Deck(52장)을 사용하여 플레이어와 딜러가 5장의 카드를 가지고 진행하는 게임으로 높은 서열의 패를 가진 쪽이 승리하는 게임이다.

플레이어가 앤티(Ante)라는 베팅장소에 일정 금액을 베팅하면 딜러는 플레이어에게 각각 5장의 카드를 나누어주고, 딜러도 5장의 카드를 받는데, 그중 한 장을 플레이어가 볼 수 있도록 Face-up한다.

플레이어는 자신의 키드를 확인한 후 게임을 Fold(게임의 포기)할 것인지 Call(게임 진행)할 것인지를 결정하며, 게임을 계속하기 원한다면 Bet장소에 Ante 베팅의 2배 금액을 추가(Double)로 베팅한다. Fold를 할 경우 딜러는 Ante Bet 금액을 Take한다.

딜러의 패가 Ace, King 조합 또는 원 페어 이상일 때, 플레이어와 딜러의 패 중 높은 서열의 패를 가진 쪽이 승리하게 된다. 플레이어가 이겼을 경우에는 Ante Bet에 1배를 지급하고, Double Bet은 정해진 배당률에 따라 지급된다.

카드의 순위는 무늬(Suit)와는 상관없이 각 카드의 가치에 따라 정해지는데 그 순서는 "A K Q J 10 9 8 7 6 5 4 3 2"이다.

<핸드의 종류 및 순위>

(1) 로열 플러시(Royal Flush): 동일한 무늬의 패가 Ace, King, Queen, Jack, 10으로 이루어져 있을 경우(1:100)

(2) 스트레이트 플러시(Straight Flush): 연속적인 순위의 5장의 카드가 동일한 무늬(Suit)로 구성된 경우, 가장 높은 숫자가 있는 핸드가 높은 핸드임(1:50).

(3) 포 오브 어 카인드(Four of a Kind): 동일한 순위의 카드가 4장이 있을 경우(1:20)

(4) 풀 하우스(Full House): 동일한 순위의 카드 3장과 동일한 순위의 카드 2장으로 구성된 경우(1:7)

(5) 플러시(Flush): 동일한 무늬의 카드가 5장이 있는 경우(1:5)

(6) 스트레이트(Straight): 연속적인 순위의 카드가 5장 있는 경우(1:4)

(7) 쓰리 오브 어 카인드(Three of a Kind) = 트리플(Triple): 동일한 순위의 카드가 3장이 있을 경우(1:3)

(8) 투 페어(Two Pair): 동일한 순위의 카드가 2쌍 있을 경우(1:2)

(9) 원 페어(One Pair): 동일한 순위의 카드가 2장 있을 경우(1:1)

○ 크랩스

크랩스 게임은 주사위 2개를 던져서 나올 수 있는 숫자의 확률에 의하여 이루어지는 게임으로, 직접 '슈터'가 주사위를 던져 승패가 결정되므로 가장 자유롭고 박수소리와 환호성이 자주 터지는 가장 흥미 있는 게임이다.

주사위 2개로 나올 수 있는 숫자는 모두 36가지(6×6)이다. 이 표

에서 보면 7(Seven)이 36분의 6으로 다른 숫자들 보다 나올 확률이
가장 높은 숫자이다.

결과 값	경우의 수	확률
2	1+1	1/36
3	1+2, 2+1	2/36
4	1+3, 3+1, 2+2	3/36
5	1+4, 4+1, 2+3, 3+2	4/36
6	1+5, 5+1, 2+4, 4+2, 3+3	5/36
7	1+6, 6+1, 2+5, 5+2, 3+4, 4+3	6/36
8	2+6, 6+2, 3+5, 5+3, 4+4	5/36
9	3+6, 6+3, 4+5, 5+4	4/36
10	4+6, 6+4, 5+5	3/36
11	5+6, 6+5	2/36
12	6+6	1/36
합계		36/36

○ 머신

미국 최초의 담배 자동판매기는 술집과 살롱에 설치되어 큰 인기
를 얻고 있었는데 동전을 넣으면 어떤 때는 2개가 나왔고, 그리고
어떤 경우에는 하나도 나오지 않을 때도 있었다고 한다. 만약 2개
이상의 담배가 나오면 주위 사람들이 박수를 쳐주며 축하를 해 주었
다고 하는데 이것이 모티브가 되어서 만들어진 것이 오늘날의 슬롯
머신이라고 한다.

머신 게임은 크게 릴과 비디오(Video)로 분류된다. 릴 머신은 기계
에 장착된 릴(Reel)을 핸들이나 버튼을 사용하여 회전시킨 후 그 결

과에 따라 정해진 시상표와 비교하여 동일한 조건을 갖추면 그에 해당하는 배당금을 지급하는 기계이다.

릴 머신

비디오 머신

다수가 참여할 수 있는 커뮤니티 게임

비디오 포커

반면, 비디오 머신은 게임방식은 릴 머신과 동일하지만 릴이 아닌 모니터 화면상으로 게임이 진행되는 것이다.

한 대의 머신 단독으로 운영하여 잭팟이 당첨되었을 경우에는 개별 방식에 의해 시상금을 지급받게 되는 것에 비해, 머신 기기를 여

러 대 묶어서 여러 기기에서 누적된 시상금을 모두 지불하는 연결프
로그레시브 방식이 있다. 또한 일부 머신기기는 자동차 등 이벤트용
으로도 운영된다.

IT 기술의 발전과 함께 최근에는 화려한 비디오 게임이 출시되어
더 선호받고 있으며, 운영의 효성을 높이기 위해 동전이나 현금이
아닌 티켓을 사용하는 게임기기로 대체되고 있다.

슬롯머신은 특별한 룰이 없이 적은 금액으로도 즐길 수 있고 엄청
난 시상금이 터지거나 자동차 경품 등으로 인해 고객들이 선호하여
쉽게 참여하게 되지만 카지노 게임 중 가장 확률이 낮은 게임이다.

잭팟 금액이 클수록 당첨 확률은 적어지고, 게임자금도 빠른 시간
에 소진된다. 때문에 오랜 시간 게임을 하기 위해서는 잭팟 금액이
적은 기종을 선택해 게임을 해야 잦은 배당과 함께 잭팟 확률이 높
아져 게임 시간을 연장할 수 있다.

열 시간 게임했을 경우 슬롯머신과 다른 게임들을 비교할 때 기대
손실은 다음과 같다. 동일 시간에 게임을 할 때 머신의 경우가 손실
이 가장 많다.

열 시간 게임 했을 경우 평균 손실

게임 종류/리미트	손실금액
Slots, $1.00 (2−coin game)	$800
Slots, $0.25 (3−coin game)	$360
Video Poker, $0.25 (5−coin game)	$125
Mini Baccarat, $5/h.	$80
Roulette, $5/spin	$79
Blackjack, $5/hand	$25
Craps, $10/round ($5 Pass, $5 odds)	$25

자료: http://wizardofodds.com/

참고로, 미국에 있는 Megabucks 기종의 시상금은 8~33백만$이며, 잭팟 확률은 49,836,032분의 1이다.

이는 1명이 게임할 경우 1분 3회×60분×24시간×365일＝31.6년을 베팅해야 당첨될 수 있는 기기인 것이다.

슬롯머신의 잭팟 금액 및 확률

	Jackpot Amount	Odds	Source
Red White &Blue	2400 coins	1 in 262,144	Wizard of Odds
Double Diamond	2500 coins	1 in 46,656	Par sheets obtained by Canadian researchers
Blazing 7's	5000 coins	1 in 93, 312	Bally's par sheet
Phantom of the Opera	5000 coins	1 in 114,131 to 1 in 155,345	Par sheets obtained by Canadian researchers
Double Strike	5000 coins	1 in 500,000	Wizard of Odds (estimate)
Money Storm	10,000 to 50,000	1 in 2,188,411	Par sheets obtained by Canadian researchers
Lucky Larry's Lobstermania	10,000 to 50,000	1 in 8,107,500	
Megabucks	$8 to $33 million (progressive)	1 in 49,836,032	John Robison in Casino City Times

Note that there are often different versions of machines with the same name, so the numbers above might not apply to every flavor of the named machine. What you should take from this is that as the jackpot goes up, so does the difficulty in actually hitting it.

자료: http://wizardofodds.com/

3) 확률, 하우스 어드밴티지(Edge), 기댓값

(1) 확률(이론적 확률과 경험적 확률의 차이)

카지노는 1854년 수학자 파스칼이 확률 이론을 정립하면서 공식화되었다고 보고 있다. 그 전까지 게임은 전부 운에 맡기는 것에 불과한 수준이었다고 할 수 있다.

확률이란 하나의 사건이 일어날 수 있는 가능성을 나타낸 것으로 경험적인 것과 수학적인 것으로 구분할 수 있다.

동전을 던져서 앞면이 나올 확률은 2분의 1이다. 이처럼 원인과 결과가 분명한 경우에는 경험에 앞서서 미리 그 확률을 수학적으로 계산할 수 있다.

반면 일정한 조건하에서 제품 1,000개에 평균 20개의 불량품이 나왔다고 할 때, 이 작업에서 불량품이 나올 확률은 1,000분의 20, 즉 0.02이다. 이러한 불량품이 나올 확률은 수학적으로 미리 계산할 수가 없고 다만 경험적 결과를 가지고 판단할 수밖에 없다.

동전을 던지면 이론적 확률(승률)은 정확히 2분의 1, 즉 50 대 50이다. 그러나 긴 시간 동안 발생할 수 있는 패턴의 가지 수는 수도 없이 많다. 앞면만 계속 나올 수도 있고, 앞면 뒷면이 번갈아 가며 나올 수도 있으며, 뒷면만 연속해서 나올 수도 있는 것이다. 그러한 경우의 수가 많은 눈앞의 현실에서 큰 금액의 베팅을 하면서 앞면, 뒷면을 연속해서 정확히 맞추기란 현실적으로 어렵다.

실제 동전을 던진 결과 값

1	2	3	4	5	6	7	8	9	10	11	12	13	14	15	16	17	18	19	20
+	−	−	+	−	+	+	+	+	+	+	+	−	−	+	+	+	−	−	+	−

* +(동전의 앞면, 숫자부분), -(동전의 뒷면, 그림부분), 시험일시 : 2013. 5. 29. 22:30분

실제 500원짜리 동전을 20번을 던져서 12번이 앞면이 나왔고 8번이 뒷면이 나왔다. 앞면과 뒷면의 확률은 유사하지만 나오는 패턴은

앞면만 6번이 나오는 등 달랐다. 이와 같이 이론적 승률과 실제 경험적 승률은 차이가 있다.

대부분의 플레이어들은 이번 게임의 결과가 이론적 승률에 기초하여 나 올 것이라는 전제(착각)를 가지고 게임을 한다. 그러나 실제 게임의 결과는 이론적 승률과는 전혀 다르게 나타난다.

카지노 게임은 오랜 시간 장기적으로 경험적 확률을 통해 회사에 유리하게 만들어져 있다. 한 방울의 낙수 물이 천 년의 세월을 흐르면 바위를 뚫을 수 있는 것처럼 조금의 유리한 확률로 유수한 세월을 반복하여 게임을 하게 되면 카지노는 부자가 된다.

현재의 라스베이거스, 마카오의 화려한 건물들은 누군가 게임에서 잃은 돈으로 만들어진 것이다.

(2) 카지노 회사의 기대 수익

카지노는 확률 게임이라는 말을 심심치 않게 들을 수 있다. 그러나 카지노를 하면 할수록 손실이 왜 더 커지는지 의아해하는 게임자가 많다. 그것은 게임에는 기댓값이 있다는 사실을 간과하기 때문인데, 기댓값이란 내가 어떠한 확률에 베팅했을 때 얻을 수 있는 것으로, 기대하는 값을 말한다.

예를 들어 동전의 앞면이 나오면 500원을 따고, 동전의 뒷면이 나오면 300원을 잃는 경우에는 100원의 이익을 기대할 수 있다.

$$\{1/2(앞면) \times 500원\} - \{1/2(뒷면) \times 300원\} = 100원$$

주사위를 가지고 6이라는 값이 나오면 300원을 얻고, 5라는 숫자가 나오면 200원을 얻으며, 나머지가 나오면 150원을 잃는 게임을 한다고 할 경우의 기댓값은 −16.67원이다.

$(1/6×300원)+(1/6×200원)−(4/6×150원)=−16.67원$

대부분의 수학자들은 오랫동안 반복해서 게임을 하면 이러한 이론적 승률에 근접하게 된다고 믿고 있다. 적어도 수천만 번 이상 수천조 번 이상 조합한 테스트 결과를 이론적 승률로 계산하고 있다. 그 중간에는 엄청나게 편차가 많을 수 있다. 따라서 운이 좋지 않을 때는 "뒤로 넘어져도 코가 깨진다."는 말이 있듯이 단기간에도 엄청난 돈을 잃을 수 있다.

카지노 게임의 이론적 승률은 바로 이와 같이 수학적 확률에 근거하여 기댓값이 (−)가 되도록 고안된 것이다.

일반적으로 카지노가 얻을 수 있는 기대수익은 "평균 베팅금액 × 게임시간 × 게임회전수 × 카지노 어드밴티지"로 구할 수 있다. 공식에서와 같이 게임시간과 회전수가 많아질수록 카지노의 기대수익은 많아지게 된다.

카지노 기대수익 = "평균 베팅금액 × 게임시간 × 게임회전수 × 카지노 어드밴티지"

여기서 카지노 어드밴티지는 게임 룰에 따라 차이가 있다.

(3) 테이블 게임별 당첨 확률, 고객의 기댓값

기댓값(환급률)이란 어떤 사건이 일어날 때 얻어지는 양과 그 사건이 일어날 확률을 곱하여 얻어지는 가능성의 평가 값으로서 기댓값이 1보다 크면 큰 만큼 이익이고, 1보다 적으면 적은 만큼 손실을 의미한다.

룰렛의 예를 들어 설명하면, 룰렛 스트릿 베팅의 경우 1개의 싱글 넘버에 당첨될 확률은 2.63%이나, 원금 포함 배당은 36배를 지급함으로써 94.7%를 고객이 가져갈 수 있도록 되어 있고(고객에게 배당되는 값, 환급률이라 한다), 반면 홀짝(Odd or Even)베팅의 경우 확률은 0과 00을 제외한 47.37%로 원금 포함 2배를 지급함으로써 역시 94.7%를 고객이 가져갈 수 있다[환급률을 제외한 나머지, 카지노 어드밴티지(승률)는 5.26%이다].

카지노 환급률 기준 예시

종류	베팅	배당률	원금＋배당	확률	환급률 (기댓값)
룰렛	Single Number Bet	1:35	36배	2.63%(1/38)	94.7%
	Two Number Bet	1:17	18배	5.26%(2/38)	94.7%
	Three Number Bet	1:11	12배	7.89%(3/38)	94.7%
	Corner Bet(4개 번호)	1:8	9배	10.53%(4/38)	94.7%
	Five Number Bet	1:6	7배	13.16%(5/38)	92.1%
	Line Bet	1:5	6배	15.79%(6/38)	94.7%
	Column Bet	1:2	3배	31.58%(12/38)	94.7%
	Dozen Bet	1:2	3배	31.58%(12/38)	94.7%
	Odd or Even Number Bet	1:1	2배	47.37%(18/38)	94.7%

룰렛	Red or Black Number Bet	1:1	2배	47.37%(18/38)	94.7%
	Low or High Number Bet	1:1	2배	47.37%(18/38)	94.7%
바카라	Player	1:1	2.00배	49.32%	98.6%
	Banker(5% 커미션)	1:0.95	1.95배	50.68%	98.8%
블랙잭	–	1:1	2.00배	49.50%	99.0%
머신	릴, 비디오, 포커	–		75~99%	–

카지노 게임 중에서 가장 높은 환급률을 보이는 것은 블랙잭과 바카라이다. 확률은 48~50% 사이이며, 단 1~2% 정도의 수익만을 카지노가 가지며 거의 98~99% 정도는 고객에게 되돌려 주고 있는 것(환급률)이다. 그러나 짧은 시간에 여러 번 게임 횟수가 많아지면서 손실 폭이 커지게 되는 것이다.

(4) Drop 및 Hold, 매출액

보통, 테이블 게임의 수익 계산은 손님이 테이블에서 칩을 사는 데 지불한 돈, 즉 Drop Box 안에 있는 금액('Drop'이라 함)에서 각 테이블에서 팔려나간 칩의 총금액을 빼면 되는데, 이것을 테이블의 수익이라고 하며, Hold라고 표현한다. Hold율은 일정기간 환급하고 남은 카지노 수익의 누적비율로 설명할 수 있다.

이 홀드 비율은 주로 손님의 베팅금액이라든가 회전 수, 게임 종류 및 게임 룰 등 통계학적인 조건이 달라지면 변동되게 되며 카지노 어드밴티지에 따라 바뀔 수 있다.

그러나, 만약 Hold 비율이 일시적으로 낮은 비율을 나타냈다면 조심스럽게 직원들의 횡령이 있는가를 조사해 볼 수도 있다. 현금을 사용할 경우에는 횡령이 있을 수 있기 때문에 대부분의 카지노에서는 게임할 때 칩만을 사용토록 하고 있다.

일반적으로 드롭의 크기가 증가할수록 Hold 또한 증가하며, 게임고객의 실력수준이 높을수록 홀드율은 감소한다.

(5) 머신게임의 당첨확률, 환급률(배당률)

○ 확률

슬롯머신에서의 당첨확률은 얼마나 될까. 슬롯머신의 화면을 보면 보통 3개의 릴이 있다. 그리고 한 릴에는 20개 이상의 그림이 있다. 그 그림의 배열은 3개가 각기 다르게 만들어져 있다. 이럴 경우 당첨확률은 어떻게 변할까.

각 릴당 그림수가 다르고 1개의 잭팟 그림이 있을 경우를 가정하여 계산해보면 다음과 같다.

그림 수별 당첨 확률

릴 수	그림 수	조합 수	당첨 확률(이론적)
3	10	1,000	0.001
3	20	8,000	0.000125
3	30	27,000	0.0000370
3	50	125,000	0.0000080

그림의 수가 늘어날수록 당첨될 확률은 급격히 감소하는 것을 볼 수 있다. 만약, 플레이어에게 재미를 주기 위해 적은 금액을 자주 당

첨해 주기를 원한다면 그림 수를 줄이거나 해당 그림 수에 잭팟 그림의 숫자를 증가시키면 된다. 그러면 수학적 확률이 높아지기 때문이다.

○ 배당률(환급률)

우리가 보통 말하는 당첨금이라는 것은 배당률 또는 환급률에 의해 결정되는 것으로 머신게임의 경우에는 보통 90% 이상이다. 즉 10%만이 카지노 운영회사의 수익이 되고 나머지 90%는 고객에게 되돌려 주는 금액인 것이다.

라스베이거스의 경우 75% 이상, 애틀랜타 82% 이상으로 반환율이 법적으로 규정되어 있으며, 우리나라는 라스베이거스와 동일한 75% 이상으로 규정하고 있다. 그러나 실제 강원랜드는 93% 수준으로 운영하고 있다.

90%의 반환율이라는 것은 쉽게 설명하자면 누군가가 10,000원을 투입하여 게임을 하였다면 1,000원은 회사 몫이고 9,000원은 되돌려 받는 것을 말한다.

1명의 게임자가 한 번에 100원씩 세 시간 게임을 하였다고 가정할 때, 90%의 환급률로 계산하면 고객은 5,400원을 잃는다.

◇ 투입금액＝100원×3시간×3회(1회 20초)×60분＝54,000원
◇ 당첨금액＝54,000원×0.9＝48,600원
◇ 손실금액＝54,000원－48,600원＝5,400원

한편, 슬롯머신은 컴퓨터와 같은 기계로 슬롯머신을 컨트롤하고 있는 "무작위숫자 발생기(random number generator)"라는 엔진에 의하여 게임이 진행되도록 만들어져 있기 때문에 누구도 잭팟을 예측할 수 없다.

라스베이거스의 1$짜리 기계의 경우 약 1,200만 번을 회전시켰을 경우($12,000,000,000)에 실제 배당률이 이론적 반환에 일치된다고 한다.

1명의 고객이 1,200만 번을 회전시키기 위해서는 적어도 7.6년을 한 번도 쉬지 않고 계속 게임을 해야 하는 것이다.

머신에서의 환급률은 잭팟 시상금액을 포함한 수치로 언젠가 누군가에게 터질지 모르는 보험금 정도로 생각하면 되는 것이다. 말 그대로 '운'으로 해야 하는 것이다.

(6) 타 산업과의 확률, 배당률 비교

그렇다면 다른 게임과 비교해볼 때 어느 게임이 더 환급률이 높고 확률이 높은 게임인가. 결론은 카지노 게임이다.

우리나라에서 판매되고 있는 복권에는 각종 즉석복권, 여러 인터넷 복권 등이 있는데 2011년 기준 복권판매액은 3조 805억 원이었고, 수익금은 1조 2,287억으로 수익률은 39.9%를 나타내었다.

2011년 복권 1등에 당첨될 확률은 40만 분의 1에서 1,400만 분의 1까지 다양하며 당첨금 지급률도 50~65%로 다양하다.

2013년 사감위 통계 자료에 의하면 2012년 업종별 환급률은 복권 50~51%, 스포츠토토 50~70%, 소싸움 72%, 경마 72%, 경륜과 경정은 23%이다. 반면 카지노 테이블의 환급률은 80∼81%이며, 머신의 경우는 92∼93%이다. 카지노의 경우가 환급률이 가장 높은 게임이다.

카지노 테이블 게임의 이론적 승률은 0.5∼10% 내외(일반적인 룰: 블랙잭 1.0%, 바카라는 1.25%, 룰렛 5.26% 등)이며, 슬롯머신 7∼10% 정도이다. 다만, 카지노 게임은 짧은 시간에 반복적으로 많은 게임이 이루어진다는 점에서 누적이 되면 hold 비율이 올라가는 것이다.

2. 카지노 운영 시스템

1) 카지노 인프라

카지노를 운영하기 위해서는 기본적으로 영업할 수 있는 장소가 필요하며, 게임테이블과 머신게임기기를 운영할 수 있는 인력이 필요하다.

아울러 게임을 진행하기 위한 각종 보조 장비로는 게임 카드 슈, 셔플기, 칩스 선별기, 칩스 보관박스 등이 테이블에 설치되어야 하며, 고객들이 쉽사리 보고 찾아올 수 있게 하거나 게임할 수 있도록 복합정보 표시기나 사이니지 등도 설치하여야 한다.

또한 사고 및 범죄를 예방하기 위해서는 칩과 카드 등에 별도의 주파수 장치 및 보안장치를 탑재해야 하며, 혹시 모를 고객의 안전 및 직원들의 신변 보호를 위해서 보안요원들에 의한 안전 대책도 수반된다.

고객 성향 및 매출 집계 분석 등 보다 효율적인 관리를 위해서는 단순 노동력에 의존한 영업 시스템에서 탈피하여 각종 첨단 장치가 필요하고, 자동화를 위한 정보시스템 장치가 필수적이다.

이 외에도 수시로 발생하는 고객 컴플레인 및 고객 간 분쟁을 해결하기 위해서는 영업장 상황을 감시하고 녹화할 수 있는 서베일런스 시스템을 갖추어야 한다.

현재 카지노는 아날로그식 영업과 최첨단 시스템이 융합해야 하는 종합시스템 산업으로 나아가고 있다.

2) 게임장의 구조 및 배치

보통 카지노 영업장에는 게임테이블과 머신기기가 설치되어 있고, 현금이나 수표를 바꿀 수 있는 환전소나 은행이 있으며, 칩을 구매할 수 있는 칩스 창고와 머신게임 후 발행된 티켓을 교환할 수 있는 티켓 창구가 있다.

게임 진행 중에 마실 수 있는 물과 음료는 무료로 제공되는 경우가 많으며, 자유롭게 식사할 수 있도록 레스토랑이나 바가 영업장 중간이나 사이드에 함께 마련되어 있다.

보통 테이블 게임은 영업장 중앙에 배치되어 있거나 각 구역별로 칸막이를 하여 배치하는 경우가 많으며, 주로 테이블 한도액에 따라 게임 종류별로 배치한다.

같은 종류의 게임은 주로 4~6대가량 모아 배치하는 데 이는 고객이 쉽게 찾아올 수 있게 하는 효과도 있지만 플로어 퍼슨이라는 관리자를 투입시켜 효율적으로 영업할 수도 있기 때문이다. 고객 분

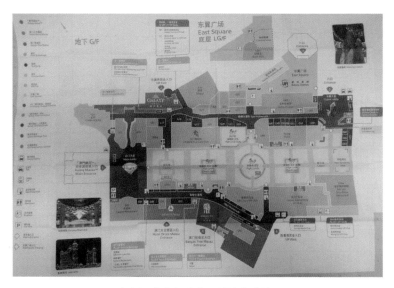

마카오 갤럭시 카지노 영업장 배치도

포에 따라 포커, 전자게임 등은 별도의 존으로 구분하며, 경마나 스포츠 복권 등도 별도로 배치되어 있다.

머신게임기기는 건물 벽 측으로 붙여 설치하는 경우가 많고, 뒷면이 서로 보이지 않도록 머신 게임기기끼리는 서로 붙여서 배치한다. 액면에 따라 저액면과 고액면으로 존을 구성하며, 하이 리밋 존을 별도로 구성하는 곳도 있나. 대체로 인기 있는 종목이나 테마 기종은 사람들이 많이 이동하는 동선에 배치한다.

베팅금액이 높은 VIP들을 위한 전용영업장은 일반 영업장과는 별도로 구성하는데 건물의 조망이 가장 좋은 최상층에 설치되어 있으며, 개인의 사생활 보호를 위해 별도의 출입구를 만들어 놓았다.

룸 안에는 스파, 안마, 노래방, TV, 영화관, 러닝머신 등 모든 것이 가능하도록 준비해 놓고 있다.

3) 조직 및 인사

카지노 회사의 조직은 관리, 마케팅, 영업, 출납, 안전관리, 환전, 정보시스템, 모니터 등으로 구성된다.

우선 관리부서는 일반회사의 관리부서와 동일한 개념으로 기획, 인사, 자금, 회계, 총무, 노무, 구매, 감사 등을 포함하며, 영업을 위한 지원업무와 대외업무 등 외부에서 발생하는 사안을 관할한다.

마케팅부서는 고객접점에 위치하여 고객유치 및 신규 고객 개발, 그리고 모든 Hosting 업무를 총괄하며 고객 만족을 도모하는 역할을 수행한다.

지속적인 고객 접촉을 통하여 고객의 게임내용을 관찰하고, 고객 정보를 유지 관리해야 하는데 일반적으로 판촉부서라고 부르기도 하며 고객을 지원하는 역할을 한다는 점에서 관리부서와 유사하나 관리부서는 고객과 직접적인 접촉이 없고, 판촉부서는 고객을 직접 대하는 것을 주된 업무로 한다는 점에서 차이점이 있다.

따라서 고객이 카지노를 방문했을 때 손님을 안내하고 입장권을 발급해주는 역할을 수행하는 직원은 매표/안내센터 소속으로 마케팅 부서로 편재되어 있으며, 이들의 역할은 카지노 전체의 이미지 형성에 매우 중요한 부분을 차지하고 있다. 따라서 일부 외국인 회사에서는 전문회사에 아웃소싱을 주기도 한다.

또한 안내센터에서는 게임방법을 모르는 고객들을 대상으로 게임을 설명해 주기도 하고, 고객들의 불평, 불만에 대해 처리하는 역할도 수행한다(강원랜드에서는 C-GRO라는 서비스 전담 인원을 운영하고 있다).

영업부서는 크게 테이블 영업팀과 머신영업팀으로 구분할 수 있는데, 이들 부서는 카지노 영업장 내의 각 게임테이블 및 머신게임을 운영하며, 게임에 배치되는 인력 관리를 주된 업무로 한다.

테이블 영업부서는 팀장, 쉬프트 매니저(shift manager), 핏 보스(pit boss), 플로어 퍼슨(floor person), 딜러(dealer)로 구성되어 있다.

Team Manager(팀장)는 영업부분의 전반적인 운영 및 관리에 모든 책임을 지며, Shift Manager(쉬프트 매니저)는 카지노가 24시간 3교대의 근무특성으로 인해 발생하는 책임에 대하여 각 근무시간대별로 팀장을 대신하여 관리 책임을 진다.

또, 게임종목 및 베팅한도액에 따라 24개 정도의 테이블을 하나의 구역으로 설정하고 관리하는데[이것을 피트(Pit)라고 한다], Pit Boss(핏 보스)는 카지노 영업장의 여러 구역 중 특정한 구역을 책임지며 그 구역의 모든 업무를 총괄한다(게임테이블 운영 및 직원 근무평가, 감독). 보통 4개의 Station을 관리한다.

Floor Person(플로어 퍼슨)은 보통 1명이 테이블 4대에서 6대를 관리('1 Station'이라 한다)하며, 딜러에 대한 1차 감독 책임을 가진다.

카지노의 꽃으로 불리는 딜러(dealer)는 게임 테이블 한 대에 1명 이상이 배치돼 고객을 상대로 게임을 진행한다.

또한 테이블 영업부서에는 별도의 메인터넌스 인력을 운영하여 테이블 레이아웃의 유지 및 관리 업무를 포함한 게임장비 및 집기들을 관리한다. 최근 IT 추세에 따라 점차 최신 기술이 요구되고 있다.

머신 영업부서는 기계장치와 기술을 지원하는 메카닉과 고객 서비스를 지원하는 어텐턴트로 나뉜다. 이들은 머신게임운영에 관련하여 각 머신(슬롯머신, 비디오게임 등) 유지 및 관리업무를 담당하며,

머신의 오작동 원인을 추적하여 보완하고, 머신의 기계적인 안전(보안)기술을 개발, 적용하는 업무를 수행한다.

출납은 칩 출납(흔히 Bank라고 함)과 현금출납으로 이루어진다. 칩 출납은 칩을 테이블로 가져다주거나 테이블에서 남는 칩을 수거해 오는 역할을 한다. 케이지(Cage)에서 이루어지는 현금출납은 고객의 칩을 현금으로 교환해 주는 역할을 한다. 출납부서는 자금의 운영을 관리한다.

안전관리부서는 고객과 종사원을 보호하는 부서로 영업장과 영업장 이외의 지역을 감시, 보호하는 역할을 수행한다.

Security Staff(안전요원)들은 카지노 영업장의 출입금지자 통제, 영업장의 질서유지, 고객 및 종사원의 안전관리를 담당하여 카지노의 자산을 보호하는 것이 주요 업무이다. 이들은 고객에게 카지노가 안전하다는 심리적인 안정감을 줄 수 있어야 하며, 법과 규칙을 엄격히 집행하여야 한다.

모니터 부서는 카지노 영업장 내외에 감시카메라를 설치하여 고객, 종사원의 근무태도, 회사의 자산 보호, 도난 방지 등 기타 감시를 전문으로 하는 업무를 담당한다.

특히 테이블게임 및 머신게임 주변 천정에 설치된 카메라를 통해 종업원의 부정행위나 고객의 속임수 등 이상한 행동을 주시하고, 부정행위나 분쟁 발생 시 녹화된 테이프를 근거로 각종 민원 및 사건 등을 해결하기도 한다. 이러한 이유로 모니터 부서를 '하늘의 눈(Eye in the Sky)'이라고 부르기도 한다.

법규위반자나 딜러의 실수를 찾아내어 범죄사실 또는 위반사항을 보고하는 것도 이 부서의 주요 업무이며, 게임테이블, 케이지, 슬롯머신 등의 지역은 24시간 내내 녹화하며 이를 3일 이상, 카운트 룸의 녹화장면은 10일 이상 보관하여야 한다. 대부분의 카지노는 만약의 사고를 대비하여 그보다도 훨씬 더 많은 기간을 보존하고 있다.

모니터 부서에 근무하는 종사원은 카지노의 모든 게임을 잘 이해하고 있는 경험이 풍부한 사람이어야 하며, 비밀 유지를 위해 모든 사항을 사장에게 직접 보고하는 것이 일반적이며, 또한 인사체계상으로도 별도의 과정을 거쳐 채용하는 것이 일반화되어 있다.

환전부서는 고객이 제시하는 외화를 원화로 환전해 주고 게임종료 후 남아 있는 원화나, 획득한 칩을 외화로 재환전해 주는 업무를 담당한다.

마지막으로 정보시스템 부서는 카지노 전산시설을 관리, 운영하는 업무를 담당한다. 최근에는 IT 기술의 발달로 정보시스템 부서의 역할이 점차 영업 분석 및 마케팅 영역으로까지 확대되고 있는 추세로 그 중요성이 날로 커지고 있다.

4) 카지노의 꽃, 딜러(Dealer)

딜러는 보통 Floor person의 감독 하에 배정된 게임테이블의 딜링, 칩스 판매 및 교환, 베팅액 확인 및 조정, 각종 테이블 서류의 확인, 게임보호, 비품점검, 접객, 기타업무 등을 수행한다.

딜러는 출근하면 근무를 시작할 테이블에 배치된 후 게임 기구를 점검한다. 우선 게임을 위해 칩스 수량이 일치하는지를 확인하여야 한다.

보통, 10만 원까지 베팅할 수 있는 테이블은 하루에 약 3,500만 원, 30만 원까지 베팅할 수 있는 테이블은 약 7,500만 원 정도의 칩스를 기본으로 영업을 시작한다. 확인 후에는 바우처에 반드시 서명을 하여 이상이 없음을 재확인한다.

딜링은 회사별로 정해진 룰 및 매뉴얼에 따라 딜링을 하면 되는데, 한 번의 게임이 끝나면 루징벳(Losing Bets)은 take(수거)하고, 위닝벳(Winning Bets)은 pay(지불)한다.

게임 중 고객의 요청에 따라 현금을 칩스로 교환하여 주기도 하며, 정해져 있는 베팅금액을 미달하지 않았는지 또는 한도액을 초과하지 않았는지 여부를 확인하고 불일치 시에는 베팅액을 조정하도록 한다.

게임 중 고객이 크게 원 했을 경우에는 딜러에게 팁을 주게 되는데 받은 팁은 팁박스에 넣는다(보통 팁은 '팝콘'이라고 부르며, 종사원끼리 나누어 가진다).

담당 테이블에서 근무하는 동안에 발생하는 모든 일에 대해 책임을 져야 하므로, 영업소모품, 주변기기 등을 항시 점검하여 게임에 지장이 없도록 해야 하며, 고객의 요구사항에 대해 적절히 대응하여야 하고, 테이블 게임진행상황을 정확히 인지하여야 하며, 항상 예의 주시해야 한다.

특히, 위조 칩스 및 위조 카드, 속임수 게임 등 고객의 의심나는 행위에 특히 주의를 기울여야 하며, 발생 즉시 담당간부인 플로어퍼슨에게 보고하여 처리하여야 한다.

한편, 딜러는 여러 사람을 상대해야 하는 감정노동자이다. 특히 카지노 고객은 영업특성상 더 대하기가 어렵다. 돈을 잃고 기분 좋은 고객은 없기 때문이다. 그렇기 때문에 마음가짐이 더욱 중요한데

여하 한 일이 있어도 딜러는 고객에게 웃음으로 대하여야 한다.

"손님이 돈을 따면 즐거워하자"라는 미라지 호텔의 서비스 캐치 프레이즈가 있다. 카지노 전체에서 벌어들일 수 있는 총액은 거의 자동적으로(확률적)으로 보장되기 때문에 비정상적인 것이 아닌 정상적인 게임이라면 손님이 이기든 지든 관계없이 카지노 산업에 종사하는 사람들은 자연스러운 표정을 연출하면 된다는 것이다.

일부 수익이 확보되지 않은 작은 카지노에서는 손님이 돈을 따면 딜러를 교체하는 등의 노력을 한다고 하나, 비정상적인 게임이 아닌 이상 카지노는 이론적 승률에 따라 매출이 보장되는 것이므로 매출은 딜러의 관리책임 영역이 아니라고 생각한다. 다만, 숙달된 딜링 능력으로 게임 회전수를 증가시키는 등 게임의 운영능력은 향상되어야 한다.

딜러의 기본 조건으로는 업무기술(Dealing, Serving)과 지식을 완벽하게 숙지하고, 고객과 처음 대하는 순간부터 좋은 인상을 심어줄 수 있도록 노력해야 하며, 도덕적 윤리적으로 정직해야 한다. 특히 금전 사고와 본인 스스로 게임에 유혹되지 않도록 자기관리를 철저해야 한다.

딜러는 보통 1시간에 40분 근무하고 20분을 쉬거나 45분 근무하고 15분 휴식을 갖는데, 1개의 테이블에서 연간 수십억 원을 벌어들일 수 있고, 손님과 대면하여 그 회사의 이미지를 대표하기 때문에 "카지노의 꽃"이라 불린다.

5) 카지노 마케팅

카지노가 일반 서비스 상품과 다른 점은 카지노는 돈을 벌 수 있는 환경을 제공해주는 상품이라는 것이다. 일반 서비스 상품은 기본적으로 고객이 돈을 쓰면 기업은 상품과 서비스를 제공한다. 즉, 일반적인 기업의 마케팅은 우수한 상품과 서비스를 제공하여 고객이 돈을 쓰도록 하는 것이지만, 카지노는 돈을 벌수 있는 환경을 그럴싸하게 제공해 주면서 고객이 돈을 쓰게 만든다는 것이다.

고객에게 엄청난 금액이 당첨될 수 있는 게임기기를 도입하거나 쉽게 돈을 벌수 있는 게임기기를 배치하여 공정한 룰에 의해 게임을 하면서 돈을 벌 수 있다는 마음을 갖게 하여 충성 고객을 만들고 있는 것이다.

칩이란 금전적 가치가 있는 것으로 심지어 무료로 칩을 제공해 주기도 한다. 물론 그 칩은 게임으로만 사용할 수 있는 칩이다.

게임을 하는 사람에게는 자는 것, 먹는 것을 다 공짜로 해주기도 하며, 심지어 비행기 값도 공짜로 제공해 준다. 잃은 금액의 몇 %를 현금으로 되돌려주기도 한다.

카지노의 마케팅은 회사가 직접 Host를 두면서 수행하는 직접마케팅과 에이전트 등 제3자를 통한 간접마케팅으로 구분할 수 있다.

직접마케팅의 도구로 가장 강력한 것이 콤프(Complimentary)라는 일종의 서비스 마일리지 제도가 있다.

일반적으로 고객이 게임을 할 경우 카지노 회사는 기대수익의 10~25% 정도의 금액을 게임에서 따든 잃든 평균베팅액과 시간에 따라 포인트로 적립해준다. 이 포인트는 숙박, 식음, 및 쇼핑하는 데 사용할 수 있으며, 보통 리조트 내부에서만 사용할 수 있는 데 비해 강원랜드에서는 지역에서도 사용할 수 있다. 콤프는 세계적인 공통어가 되고 있을 정도로 카지노 세계에서는 일반화되어 있다.

간접마케팅은 회사가 직접 영업활동을 하는 것이 아닌 제3자('정켓'이라 함)를 통해 고객을 유치하는 것으로 몇 가지 방식이 있다.

• 롤링 방식: 마카오 및 동남아 특히 중화권 고객이 주로 방문하는 카지노에서 VIP를 대상으로 행해지는 수수료 지급방식으로 베팅 총금액의 일정 비율을 지급하는 방식이다. 주로 1~2% 정도를 수수료로 지급해준다.

• 리베이트 방식: 모객한 고객의 실제 Loss 금액의 일정 부분(대략 10~20%)을 에이전트에 지급하는 방식으로 하우스로서는 가장 Risk가 없는 계약방식이나 모객한 고객이 Loss가 발생하지 않았을 경우에는 수수료가 발생하지 않는다는 단점이 있다.

• Deposit 방식: 고객의 게임을 위해 Deposit을 선 예치할 경우 일정 부분(1~3%)의 인센티브를 지급하는 방식으로 금액별로 칩과 고객숙식 및 기타 서비스 상품을 패키지로 묶어서 판매하기도 한다. 고객의 초기 지참금에 대한 인센티브를 제공함으로써 고객의 게임을 최대한 유도할 수 있으며, 고객의 재정상태의 판단 근거로서 활용이 가능하다는 장점이 있다. 해외 고객 모객 시 가장 효과적인 수단으로 활용된다.

• Share 방식: 고객의 Win 또는 Loss 발생 시 발생된 금액을 하우스와 에이전트가 일정 비율로 나누어 각각 분담 또는 배분하는 방식으로, 일반적으로 에이전트의 규모 및 고객 모객 능력, 크

레딧 운영 능력 등에 따라 분배율을 다르게 계약한다.

6) 신규 카지노 설립 추진 프레임

최근 카지노 복합리조트 신규 진출에 대한 이슈가 부각되고 있다. 카지노는 많은 준비가 필요하다. 그만큼 인프라가 갖추어져 있어야 하는 기반산업이기 때문이다.

카지노 사업 신규 진출을 위해서는 5단계로 구분할 수 있는데 다음의 과정을 필요로 한다. 먼저 구상단계에서는 카지노 영업장에 맞는 건물의 콘셉트와 운영할 영업장의 기본 컨셉 등을 수립하여야 한다.

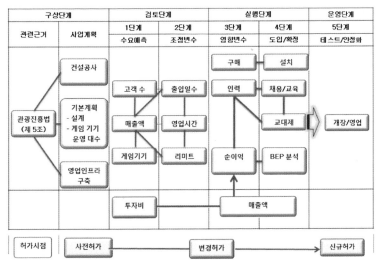

카지노 사업 신규 추진 프레임

검토단계에서는 고객 수요예측, 게임의 종류 및 게임기기 수 산
정, 베팅 리미트 및 베팅방식에 따른 예상 매출액 산정 등을 검토 분
석하고, 실행단계에서는 게임기기, 서베일런스 장비 및 정보시스템
등 관련 기기를 구매하고 시스템을 연결해야 하며, 최종단계에서는
인력을 채용하여 투입해야 한다. 개장 후에는 기기가 정상적으로 작
동하는 지, 개선할 사항은 없는 지 등 안정화단계가 필요하다. 보통
이 과정은 2~3년 정도의 중기적 기간과 세밀한 계획이 요구된다.

카지노 사업은 고객 수만 확보된다면 수익성은 보장되기 때문에
리조트 사업이 20~30년이 걸려 투자비 회수가 되는 것과는 달리
단기간에 경제성이 보장된다. 2004년 마카오에 개장한 라스베이거
스 카지노 샌즈는 2억 4,000만 달러를 투자했으나 8개월 만에 투자
금을 회수했다고 한다.

주요 인프라 및 소요 기간

구분		주요 내용	소요기간
건축		기본계획/설계/공사/하자보수	20~24개월
정보시스템 구축		업체선정/설계/개발/운영	10~12개월
서베일런스 시스템		업체선정/설계/개발/운영	8~10개월
게임 기기	게임테이블	사양 결정/구매/설치	6~8개월
	장비/집기/비품	칩스/카드/셔플기/금고/계수기 등	6~8개월
	머신	사양 결정/구매/설치/테스트	6~8개월
	전자게임	사양 결정/구매/설치/테스트	6~8개월
조직구성 및 인사		근무방식/채용/교육/투입	6~8개월

* 소요일정은 추진방식 및 범위에 따라 다를 수 있음.

주요 시설

영업시설로는 칩스뱅크, 카운트룸, 환전창구, 칩스/카드 보관창고,

셔플룸, 머신피트, 안전상황실, 고객서비스센터, 식음영업장, 무료음료대, 창고 등이 필요하며, 인프라 시설로는 서베일런스실, 정보시스템실, 시설관리실 등 사무실도 필요하다.

아울러, 근무 직원들을 위한 휴게실, 회의실, 교육장, 관리직원 사무실, 미팅룸, 식당 등도 마련되어야 한다.

주요 검토 변수

테이블 게임 매출 분석을 위한 운영대수, 게임종류, 리미트, 회전수, 평균 베팅액, 좌석수(가동률), 이론적 승률 등에 대한 자료와 머신게임 및 전자게임에 대한 액면, 평균베팅액, 가동률, 배당률 등을 근거로 영업시간, 영업일수, 근무제도, 근무인원 등을 반영하여 예상 매출액과 이익을 산정하고 투자비를 고려하여 경제성을 분석하여야 한다.

정보시스템 구성

카지노 관리 시스템(Casino Management System)이란 일반적으로 테이블 관리 시스템(TMS: Table Management)과 슬롯머신 관리시스템(SMS: Slot Machine Management System) 및 인프라 관리 시스템으로 구분할 수 있다.

TMS에는 Table, Station, Pit별 수행 업무에 따른 단위 프로그램과 Chips Bank, 환전창구의 현금, 수표 및 칩스 이동관리 프로그램이 개발되어야 하고, 고객 관리, 영업실적 분석 리포트 등의 프로그램들이 포함되어야 한다.

SMS에는 다양한 슬롯머신 운영에 따른 시스템 호환성을 전제로 현금, 카드인식 및 티켓시스템이 개발되어야 하며, 잭팟연결 시스템, 전자테이블 게임, 티켓 자동 환전기 등의 추가 장치가 연결될 수 있도록 인터페이스를 제공해야 하고, 실시간 영업 분석 및 리포트 기능을 포함하여야 한다.

인프라 시스템은 서버장치를 포함한 네트워크 하드웨어 등 시스템을 안정되게 운영할 수 있는 환경을 갖추어야 하며, 향후 확장에 대비하여 시스템을 구축하여야 한다.

카지노 사업만이 아닌 복합리조트 사업은 카지노 외 리조트 관리 시스템을 별도로 구축하여야 하며, 일반 인사관리, 회계관리, 경영관리, 고객관리 등의 관리 시스템은 서로 연결되어 공통적으로 활용할 수 있어야 한다.

서베일런스 시스템 구성

서베일런스란 사전적 해석으로 사람의 밀착기능 또는 도구나 장비를 이용하여 혐의를 받는 사람들을 감시하는 것을 의미한다. 이러한 서베일런스 시스템을 통제하는 센터는 모니터실로 'Eye in the sky'또는 'Big brother'라고 불린다.

현대 카지노산업의 세계적인 추세는 가지노 시설이 대형화되면서 서베일런스 통제센터(모니터운영실)는 감시기능은 물론, CMS(Casino Management System)와 링크하여 고객의 신용정보, 영업관리, 고객관리 등 마케팅 도구로 활용하는 등 카지노 전반적인 경영을 지원하는 '콘트롤 타워' 역할을 하고 있다.

서베일런스 시스템 통제센터의 주요 목표는 ① 카지노 재산 및 게임보호, ② 카지노의 영업방침 또는 게임 진행 절차 및 룰의 이행 준수 여부, ③ 영업장을 중심으로 카지노 전 지역에 대한 감시활동이고, ④ 범죄 혐의자에 대한 조사 및 분석이다.

카지노 영업을 위해서는 실시간으로 녹화, 추적 상황처리 및 사후 신속한 재생 분석이 가능한 지능형 시스템을 구축해야 하며, 카지노에서 발생할 수 있는 부정에 의한 공모, 현금 및 수표 절취 등 각종 사건 사고에 대한 완벽한 시스템을 갖추기 위해서는 화질이 선명한 초화질 카메라, 대용량 저장장치, 영상을 수집할 수 있는 관제시스템, 실시간 감시를 위한 중앙감시센터 시스템이 네트워크로 서로 연결되어야 한다.

게임기기 및 각종 물품 구매

카지노 영업을 위해서는 다양한 게임기기, 장비, 집기 및 비품들을 구입하여야 하는데, 테이블 게임은 바카라, 블랙잭, 룰렛, 다이사이, 포커 등으로 그 크기와 색상 등을 결정하여 구매하여야 한다.

아울러, 게임을 정상적으로 진행하기 위해서는 보통 1개의 게임테이블에 적게는 10개 품목에서 많게는 스무 가지의 기기와 장비를 갖추어야 한다.

머신게임기기 및 전자테이블 게임은 게임기종별 테마, 베팅방식 등을 고려하여 미리 사양서를 작성하여 구매하고, 게임기기의 배치 계획 및 운영대수에 따라 그에 맞게 고객의자, 딜러의자, Pit 테이블, Pit 비품 보관함 등의 가구 등도 구입하여야 한다.

게임진행을 위한 기기로는 셔플기, 지폐계수기, 디스플레이 보드, 복합정보 표시기, 바카라 스코어보드, 룰렛 휠, 칩스 선별기, 핏 사이니지, 칩스트레이 등의 기기가 필요하고, 그 외 게임운영을 위한 칩,

카드 등의 비품도 구입하여야 하며, 위조 칩스에 대비한 칩스 감별기, 카드를 쓰고 난 후 보관할 디스카드 홀더, 고객카드 보관함, 소화기, 랜턴, 고객 차단줄, 고리 등 보조기기도 필요하다.

고객 안전 및 사고 방지를 위한 출입 검색대 및 칩스검색대도 구비하여야 하며, 그 외 1회성 소모품 등도 필요한데, 이러한 게임기기 및 비품들은 유지보수를 위한 여유분을 고려하여 구매하여야 한다.

보통 이러한 기기는 특허 여부 및 업체의 수 등에 따라 수의계약, 경쟁 입찰, 협상에 의한 계약의 세 가지 방식으로 구매할 수 있다. 국내 산업이 취약한 관계로 해외에서 수입을 통해 입고되는 물품의 경우는 최소 3~6개월 정도가 소요된다.

인력 산정 및 매출액의 계산

카지노 개장을 위한 최종 단계의 마지막 과정은 인력의 투입이다. 인력은 적정한 규모를 미리 산출한 다음 채용, 교육, 현장 실습 및 투입과정을 거쳐야 한다.

보통 카지노 근무시간은 하루 8시간을 기준으로 하고, 딜러의 경우 1시간에 40분 근무하고 20분 휴식을 할 경우 필요한 인원을 산정해 보자.

1시간당 근무시간은 60/40(1.5)이므로 테이블 대수가 100대일 경우에는 150명이 필요하다. 하루 24시간 영업을 할 경우에는 3배의 인력이 필요하다.

여기에다 주5일제 근무를 기준으로 계산을 할 경우, 남자의 경우는 공휴일, 연차, 경조휴가, 병무, 등을 포함하면 평균 132일 정도를 쉬게 되며, 여자는 보건 휴가를 추가하여 최대 140일 정도를 쉬게 된다. 남자와 여자의 평균 휴무일을 136일로 잡아 계산할 경우, 실제 근무일수는 365/229(1.59)이므로 총 필요인력의 계산은 다음과 같다.

<딜러 인원의 산정>

◇ 테이블 100대 × 근무시간 1.5(60/40) × 근무일 1.59(365/229) × 1일 8시간(3 Shift) = 715.5명

그러나, 이것은 딜러의 경우에만 해당되는 인력이며, 플로어 퍼슨은 4~6대의 테이블당 1명(Station), 핏보스의 경우는 4~6Station당 1명(1Pit)을 추가로 배치하여야 한다.

그 외 머신게임 운영인력, 칩스/카드 운영인력, 환전/카운트룸 운영인력, 안전관리 인원, 서베일런스 운영인력, 식음/조리 인력, 행정업무 인력 등 간접인력이 테이블 인력 대비 30~40% 정도가 추가로 필요하다.

한편, 게임기기의 대수 및 베팅 한도액은 적어도 이러한 인건비와 제경비를 상쇄할 수 있도록 결정되어야 하는데, 그 계산식은 다음과 같다.

테이블을 1시간 운영할 때 들어가는 인건비가 50,000원이라고 가정할 때 최소 베팅액은 다음과 같다(하우스 어드밴티지 1%, 7명의 고객이 1시간당 70회의 게임을 한다고 가정).

```
                    <최소 베팅액 계산>

70회 × 7명 × 0.01(하우스 어드밴티지 1%)X = 50,000원
4.9X = 50,000원
X = 10,204.08원
```

고객 1인당 10,204원 이상으로 베팅을 하면 회사는 1시간당 운영
비용 50,000원을 상쇄할 수 있다는 것을 의미한다.

이럴 때 테이블 1대당 1년간 매출액은 다음과 같이 구할 수 있다.

```
                <테이블 1대당 1년 매출액 계산>

70회 × 7명 × 0.01(하우스 어드밴티지 1%) × 10,204.08(베팅액) × 24
H(1일) × 365일 = 437,999,929.92원
```

그러나 실제 게임별 이론적 승률은 게임 룰, 고객 수, 고객성향, 게
임수준 등 환경에 따라 달라질 수 있으므로 영업장 특성에 맞게 +
알파(α)의 보정계수로 보완하여 실제 매출액을 산정하는 것이 타당
하다.

3. 게임 참가자가 반드시 알아야 할 사항

1) 카지노는 세계에서 가장 똑똑한 수학자와의 싸움

카지노 게임은 수학자가 통계적인 방법으로 카지노에 유리하도록 고안된 고도의 상품이다. 그것은 운이 포함되어 있고 아주 약간의 기술력을 필요하도록 되어 있다. 운은 오랜 시간 반복하면 확률(통계)로 나타내지는데, 이 확률 자체가 플레이어에 불리하도록 만들어져 있는 것이다. 이 차이를 '하우스 어드밴티지' 혹은 '에지(edge: 하우스가 가지는 수학적 승률)'라고 한다.

하우스 어드밴티지는 게임마다 다르다. 블랙잭 같은 몇 몇 게임의 경우는 평균으로 나타낸다. 왜냐하면 게임이 진행되는 동안 플레이어의 판단 여부에 따라 하우스 어드밴티지가 달라질 수도 있기 때문이다.

사실 카드나 머신 게임은 갓난아이가 하거나 성숙한 어른이 하더라도 결과는 비슷하다. 거기에는 엄청난 횟수의 확률이 숨겨져 있으며, 운이 작용하기 때문이다. '운명의 장난'으로 표현할까. 한마디로 최고의 수학자가 그 '운명의 장난'을 확률로써 만들어 놓은 것이 카지노 게임이라고 말하고 싶다.

대부분의 플레이어는 이길 수 있다는 확신을 가지고 있고, 자신만의 다양한 기술과 방법을 가지고 있다. 하지만 세계 최고의 수학자와 싸워 이길 자신이 있는지 되짚어봐야 한다.

게임 종류별 하우스 어드밴티지

Game 종류	Bet/Rules	House Edge	Standard Deviation
Baccarat	Banker	1.06%	0.93
	Player	1.24%	0.95
	Tie	14.36%	2.64
Big Six	$1	11.11%	0.99
	$2	16.67%	1.34
	$5	22.22%	2.02
	$10	18.52%	2.88
	$20	22.22%	3.97
	Joker/Logo	24.07%	5.35
Blackjack[a]	Liberal Vegas rules	0.28%	1.15
	Caribbean Stud Poker	5.22%	2.24
Casino War	Go to war on ties	2.88%	1.05
	Surrender on ties	3.70%	0.94
	Bet on tie	18.65%	8.32
	Catch a Wave	0.50%	d
Craps Craps	Pass/Come	1.41%	1.00
	Don't pass/don't come	1.36%	0.99
	Field (2:1 on 12)	5.56%	1.08
	Field (3:1 on 12)	2.78%	1.14
	Any craps	11.11%	2.51
	Big 6, 8	9.09%	1.00
	Hard 4, 10	11.11%	2.51
	Hard 6, 8	9.09%	2.87
	Place 6, 8	1.52%	1.08
	Place 5, 9	4.00%	1.18
	Place 4, 10	6.67%	1.32
	Place (to lose) 4, 10	3.03%	0.69
	Proposition 2, 12	13.89%	5.09
	Proposition 3, 11	11.11%	3.66
	Proposition 7	16.67%	1.86

		Keno	25~29%	1.30~46.04
		Let it Ride	3.51%	5.17
		Pick 'em Poker	0~10%	3.87
Red Dog		Six decks	2.80%	1.60
Roulette		Single Zero	2.70%	e
		Double Zero	5.26%	e
		Sic—Bo	2.78~33.33%	e
		Slot Machines	2~15%[f]	8.74[g]
Three Card Poker		Pairplus	7.28%	2.85
		Ante &play	3.37%	1.64
Video Poker	Jacks or Better (Full Pay)		0.46%	4.42
		Wild Hold 'em Fold 'em	6.86%	d

○ d: Yet to be determined.
○ e: Standard deviation depends on bet made.
○ f: Slot machine range is based on available returns from a major manufacturer.
○ g: Slot machine standard deviation based on just one machine.
자료: http://wizardofodds.com/

　상기 하우스 어드밴티지는 플레이어가 최적의 전략을 사용할 때
를 가정한 것이다. 허나 실제 사용하는 하우스 어드밴티지는 고객의
실수 등을 반영하여 적용하기 때문에 이론적 승률보다 높게 적용되
는 경향이 있으며, 회사별로 다르다.
　결론은 운이 카지노 어드밴티지보다 클 경우에만 딸 수 있는 것이
다. 그러나 운은 지나간다. 또 따기를 원한하면 다음번 운이 돌아올
때까지 기다려야 하는 것이다.

콤프 마일리지 적립 목적의 하우스 에지와 회전 수

Hands per Hour and Average House Edge		
Games	Hands/Hour	House Edge
Baccarat	72	1.2%
Blackjack	70	0.75%
Big Six	10	15.53%
Craps	48	1.58%
Car. Stud	50	1.46%
Let It Ride	52	2.4%
Mini-Baccarat	72	1.2%
Midi–Baccarat	72	1.2%
Pai Gow	30	1.65%
Pai Pow Poker	34	1.96%
Roulette	38	5.26%
Single 0 Roulette	35	2.59%
Casino War	65	2.87%
Spanish 21	75	2.2%
Sic Bo	45	8%
3 Way Action	70	2.2%

자료: http://wizardofodds.com/

2) 게임의 결과는 나의 의지와 상관없이 진행된다

동전을 던져서 앞면이 나올 확률과 뒷면이 나올 확률은 각각 50%
이다. 그렇다고 해서 동전을 100번 던지면 50번은 앞면이 나오고 50
번은 뒷면이 나온다는 말은 아니다. 앞면 뒷면이 한 번씩 번갈아 나
올 수도 있고, 혹은 앞면-앞면, 뒷면-뒷면이 규칙적으로 나올 수
도 있다.

게임을 하다 보면 이러한 패턴을 중요시하게 되는데, 패턴에 편승
하면 많은 돈을 따게 되고, 패턴과 반대로 게임하면 짧은 시간에 모

든 돈을 잃을 수 있다. 하지만 이러한 패턴의 경우의 수는 수도 없이 많다.

동전을 수천만 번을 던졌을 때는 앞면과 뒷면이 나오는 숫자는 거의 같을 것이다. 아마도 지구상에는 음양의 이론과 질량보존의 법칙이 적용되는 까닭일지도 모른다. 하지만 동전을 한 번 던져 그 결과를 정확히 예측할 수 있는 방법은 없다.

카지노의 승부는 플레이어 각자의 계획과 기대와는 무관하게 돌아간다. 마치 지구가 정해져 있는 룰대로 순환하는 것과 마찬가지이다. 따라서 내 의지대로 게임하기보다는 게임의 흐름에 맞춰야 하는 것이다.

고장 난 시계도 하루에 두 번은 정확하게 맞는다. 어쩌다 맞은 베팅을 자기 실력으로 인식하고 결국 이리저리 자신만의 추측과 기대로 헤엄치다가는 결국 바다에 빠져 죽게 되는 것이 카지노가 아닐까.

3) 카지노 게임은 안전장치가 풀려 있는 게임이다

일단 카지노 게임은 전적으로 나의 판단에 의해 진행된다. 처음에는 잘하는 사람을 따라서 베팅할 수 있다. 그러나 그 사람도 곧 승자가 아님을 알게 되면서 나만의 베팅을 고집하게 된다. 그것은 어느 사람의 도움을 받거나 조언을 받지 않아도 되는 순수한 나만의 결정이다. 적어도 게임을 할 때만은 인생을 자기 자신만의 방식대로 살 수 있다.

완전 자유 세상이랄까. 누가 제한하는 것도 없다. 하지 말라는 법도 없고 하라는 법도 없다. 다만 게임의 룰대로 자금이 확보된다는 전제조건에서 최대한의 자유가 보장되는 것이다. 억압된 사회, 억압된 심리에서 최대한 벗어날 수 있는 상태에서 이렇게 게임은 습관적으로 반복하게 된다.

이러한 완전한 자유가 자기가 가지고 있는 금액범위를 벗어나게 되면, 더 이상 자기 자신의 의지대로 할 수 없는 상태가 되고 만다. 이쯤 되면 자기 자신의 의지대로 하기 위해 주변사람을 통해 어떠한 방식으로든 자금을 구하려고 한다. 이때는 자신을 조절하는 안전장치가 이미 풀려 있기 때문에 어떠한 조언도 설득도 소용이 없어지게 된다.

'터널비전(Tunnel Vision)'이란 말이 있다. 이것은 터널 속으로 들어가면 주변은 잘 안보이고 앞만 보게 되는 것을 의미하는데, 카지노 게임에 참여하게 되면 돈을 따는 것에만 집중하게 되고 주변의 다른 것들은 전혀 보지 못하는 일종의 도착현상이 카지노에는 발생한다.

특히 '빨리빨리'에 익숙한 우리 한국 사람들은 게임에 더욱 집착하게 된다. 몸과 마음이 바쁘고 급해질수록 더욱 빠져들게 되는 것이다. 결국 스스로 속도를 줄이지 못하고, 전전긍긍하다가 모든 것을 놓아야 하는 상황에 다다르게 된다.

대부분의 성공과 실패는 자기관리의 실패로 귀결된다. 게임에서 자기관리의 실패는 심각한 터널비전 효과로 자기 자신을 통제할 수 없는 상황에 빠지게 되는 것을 의미한다.

4) 카지노 게임에서 이기기 위한 방법

그렇다면 카지노를 이길 수 있는 방법이 없다는 것인가. 그렇지가 않다. 카지노는 확률싸움이라는 말이 있다. 카지노에서 이길 수 있는 방법이 있고, 주변에서 수많은 사람이 이겨왔다.

카지노가 미리 유리하게 만들어진 룰에서 룰을 극복할 수 있는 기술을 찾아내거나, 룰의 허점을 찾거나, 아니면 미래를 내다볼 수 있는 능력이 있다면 노력한 만큼 충분한 돈을 딸 수 있다는 것이 저자의 생각이다.

카지노 게임 중 하나는 플레이어의 수준이 게임의 결과에 영향을 미치는 게임이고, 다른 하나는 플레이어가 아무런 역할도 하지 못하고 단지 운에 의해 결과가 결정되는 게임이 있다.

이에 따라 게임자의 유형을 세 가지로 구분한다면, 운에 맡기는 플레이어, 하우스 어드밴티지를 극복하기 위해 시스템을 고안하는 플레이어, 이기기 위해 속임수를 쓰는 플레이어로 구분할 수 있었다.

카지노 배우기(벨린다 리브즈 저)에 의하면, 1백 년 전 몬테카를로에서 뱅크를 파산시킨 사람이 있었다. 찰스 데빌 웰즈는 1891년 7월 19일에 모나코에 있는 카지노에서 11시간 동안 룰렛게임으로 25만 프랑을 벌었다. 이튿날도 전날과 같은 행운을 차지했고, 3일째 5만 프랑을 잃었지만 뱅크를 파산시키고 결국 50만 프랑을 벌었다고 한다. 하지만 1년 후 1892년에는 돈을 잃기 시작했으며 가짜 기계 발명품으로 투자자를 속인 혐의로 결국 8년간 수감생활을 했다고 한다.

카지노 룰의 허점을 찾아내는 사례도 있었다. 영국 프랫포드의 섬유공장 노동자였던 조셉 홉슨 제이거스는 1873년 몬테카를로에 가서 룰렛 휠을 유심히 살펴본 결과 룰렛 휠의 물렛가락이 닳으면 완벽하게 균형을 유지할 수 없고 특정한 번호가 더 자주 나올 수 있다는 것을 알아냈다. 이에 착안하여 하루 6명을 고용해 각 룰렛 휠에서 당첨되는 번호를 기록하게 하였고 그 결과를 종합한 후 번호 9가 자주 나오는 휠을 찾아냈고, 4일 동안 게임을 하여 3십만 달러를 벌었다고 한다.

다음 날 카지노가 휠을 교체하자 그는 돈을 많이 잃었고, 다른 카지노를 찾아 게임한 결과 45만 달러를 벌었다고 한다.

카지노가 휠의 디자인을 바꾸자 그는 돈을 잃기 시작하였고 결국 그는 32만 5천 달러(지금 돈으로 3백만 달러)를 벌고 은퇴하였다고 한다.

그 외에도 1986년 빌리 월터즈가 아틀란틱 시티에 있는 골든 너겟의 룰렛 게임에서 회사를 상대로 2백만 달러를 땄고, 1958년에는 네바다 출신의 두 학생이 40시간 동안 룰렛에서 8에 인접한 번호에 베팅하여 2만 달러를 따기도 하였다.

뿐만 아니라 아르헨티나에서는 아르테미오 디갈로와 헬무트 베를린이 이끄는 두 팀이 4년 동안 1백만 달러를 땄다고 전한다.

한편 카지노를 이기기 위해 속임수를 쓰는 사람들도 있었는데, 속임수를 쓰는 방법은 기술이 발전되면서 더욱 정교해지고 있다.

주사위에 납을 넣어 원하는 번호가 더 자주 나오게 하거나 카드게임에서 특정 카드 뒷면에 아주 미세하게 표시를 해두어 상대방의 핸드를 읽을 수 있게 하거나 카드에 빛을 발하는 화학물질을 소량 묻히는 방법도 있었고, 스파이크 도구를 이용해 카드 뒷면을 돌출시키는 방법도 동원된 적이 있었다고 한다. 또한 일명 '타짜'와 같이 노련한 카드 사기꾼은 셔플할 때 자신이 원하는 순서로 배열할 수도 있다고 한다.

카드의 숫자를 확인하는 방법으로 금속으로 된 라이터, 유리 재떨

이, 거울이 내장된 특수 반지, 투시 안경 등을 이용할 수도 있고, 몇 사람이 팀을 이루어 핸드가 제일 좋은 사람이 플레이하고 다른 사람들은 포기하는 방법으로 사전에 신호를 하기도 한다. 이렇듯 카지노를 속이기 위한 방식도 고도화되어 왔다.

이에 따라 카지노는 CCTV를 동원하고, 안전요원을 동원하고, RFID 기술을 도입하는 등 장비를 점차 첨단화하게 되었고, 관련 기술은 카지노 산업과 함께 발전되고 있다.

카지노는 확률싸움이라고 한다. 한 번으로 승패를 결정지을 수 있는 게임이 아니라면, 확률을 높이기 위한 방법으로 게임한다면 충분히 이길 수 있다는 것이 본 저자의 생각이다.

룰렛의 경우도 확률을 최대한 높일 수 있도록 최적의 베팅 룰을 찾아낸다면 적게 잃을 수 있고, 거기에 운의 흐름까지 따라주면 충분히 돈을 딸 수도 있다.

많은 돈을 딴 사람이 있었기에 카지노 게임은 더욱 진보하였다. 카지노를 이기고 돈을 땄던 사람들은 분명 있어 왔다. 다만 그 수는 단 몇 %에 지나지 않는다. 내가 그 몇 %에 들 수 있는 실력자인가 아니면 행운아인가를 판단해 보아야 한다. 그렇지 않으면 범죄자로 추락할 가능성이 크다.

그도 아니면 신점을 보듯 단지 한 게임만이라도 그 결과를 미리 예측할 수만 있다면 100% 돈을 딸 수 있지 않을까.

5) 카지노 회사들의 전략

카지노는 손님이 지갑에서 최대한 많은 돈을 꺼내게 하기 위해 갖

가지 전략을 구사한다. 디자인 하나하나부터 어느 것 하나 영업을 생각하지 않는 부분이 없다. 외양은 더할 수 없이 화려하다. 사람들이 문을 열고 들어오도록 만들기 위해 책에 나오는 마케팅 전략을 총동원한다.

카지노 밖에서 쇼를 공연하여 사람들의 발길과 눈길을 붙잡고, 사람들을 안으로 들어오게 만든다. 많은 리조트 카지노가 쇼핑몰과 붙어있다. 일단 숍을 구경하러 다니다 보면 어느새 카지노 안에 들어와 있게 된다. 라스베이거스에는 옆에 있는 카지노와 모노레일과 무빙워크로 연결되는 카지노가 있다.

카지노 운영자는 플레이어가 게이밍 홀에 오래 머물수록 더 많은 돈을 쓴다는 것을 알고 있다. 그래서 모든 것을 해결해 준다. 호텔 투숙객을 위해서는 운전 담당자가 차를 주차시켜 준다. 방문객에게는 주차장에서 카지노 입구까지 교통편을 제공해 준다.

VIP에게는 전용기를 제공해주고, 공항에서 바로 픽업서비스를 해 준다. 그 비용을 계산하고도 남기 때문이다.

웨이터가 음식과 음료를 게임 테이블까지 갖다 준다. 많은 카지노가 술을 무료로 제공한다. 술에 취하면 돈을 잃는 것에 대해 별로 신경 쓰진 않는다는 것을 알기 때문이다.

카지노는 플레이어가 지루해 하지 않도록 하기 위해 수준 있는 다양한 엔터테인먼트를 제공한다. 화려한 갖가지 쇼에서부터 생생한 스포츠 이벤트, 다양한 스포츠 시설까지 마음껏 이용하도록 해준다.

카지노에 들어오면 플레이어의 시간 감각이 둔화된다. 그래서 카지노에는 시계가 없고 딜러는 시계를 차지 않는다.

카지노를 구경하기 위해 들어온 사람들에게 칩을 몇 개 무료로 나뉘주는 경우도 있다. 그 칩은 '데드 칩'이라고 부르며 테이블에서만 게임용으로 교환할 수 있기 때문에 사람들은 베팅을 하지 않을 수 없다. 돈 맛을 보여주는 것이다.

아무런 가치가 없어 보이는 플라스틱 칩과 현금을 교환하고 나면 돈에 대한 관념이 흐릿해진다. 한 묶음의 칩은 손에 쏙 들어오고 배당이 큰 베팅에 많은 칩을 놓고 싶은 유혹을 느낀다. 캐시 칩에는 금액이 표시되지만 테이블 게임 칩에는 표시가 없다. 그래서 값어치를 잊어버리기 더 쉽다.

플레이어가 몇 차례 이기면 딜러는 '한 단계 높이기(stepping up)'라는 테크닉을 구사한다. 딜러가 약간 높은 금액의 칩으로 배당하는 것이다. 플레이어가 계속 이기면 칩의 금액을 다시 높인다. 이것은 플레이어가 더 높은 금액의 칩으로 베팅하게 유도하는 것이다. 베팅 금액을 높이다 보면 플레이어는 더 빨리 돈을 잃게 된다.

카지노는 매력적이고 친절한 직원을 채용한다. 게이밍 홀을 구경하며 다니던 플레이어가 빈 룰렛 테이블을 지나쳐 간다고 하자. 딜러는 활짝 웃으며 휠을 돌릴 것이다. 대부분의 플레이어가 공이 어디에 떨어지는지 보려고 호기심에서 발걸음을 멈출 것이다. 심지어 섹시한 복장을 하고 딜을 하거나 봉춤을 추는 카지노가 있다.

테이블 게임은 빨리빨리 진행된다. 플레이어에게 생각할 시간을 많이 주지 않기 위해서이다. 게임하는 동안에 칩을 셀 수 있는 시간이 없다.

예를 들어 전자룰렛에서 한 번 돌아가는 데 평균 1분이 걸린다고 하자. 노련한 플레이어는 매번 베팅하지 않아도 된다는 것을 알고 있다. 하지만 초보자는 언제나 서둘러 새로운 베팅을 한다.

겉모습의 화려함과 고급스러움으로 승부하는 카지노 회사의 총체적인 마케팅 전략에 대부분이 속고 마는 것이다.

6) 게임 시 준수사항

(1) 베팅액의 수준을 결정해야 한다

게임은 돈과 직결된다. 게임을 하다 보면 얼마를 베팅해야 하는지 모르고 하는 경우가 많다. 게임의 룰과 배당금, 당첨 기회, 게임을 그만둘 때를 알아야 본인의 의도대로 카지노에서 즐거운 시간을 보낼 수 있다.

게임 밑천에 따라 한 번에 거는 베팅금의 수준은 달라져야 한다. 예를 들어 1,000달러로 시작한다고 하자. 10달러 룰렛 테이블에서 한 스핀에 1칩을 베팅하면 100스핀 동안 게임을 할 수 있다. 1스핀에 1분가량 소요되므로 적어도 1시간 40분 동안은 갬블링할 수 있다. 만약 1스핀에 10칩씩 베팅하면 10분 안에 돈을 전부 잃을 수도 있는 것이다.

먼저 얼마를 쓸 것이며 얼마나 오랫동안 플레이할 것인지를 결정한 다음 거기에 맞게 베팅액 수준을 결정하는 것이 가장 좋다. 그렇지 않으면 많은 시간을 무료하게 지켜만 보거나 돈을 구하기 위해 이리 저리 뛰어다녀야 한다.

(2) 잃어도 되는 돈 만큼만 베팅해야 한다

정기적으로 갬블링을 한다면 갬블링 예산을 정하고 그것을 고수하여야 한다. 게임을 하기 위해 돈을 빌리거나 현금서비스는 절대 하지 말아야 한다.

(3) 룰과 게임하는 방법을 배워야 한다

대부분의 플레이어가 문제가 생길 때까지 룰을 정확히 배우지 않는다. 초보자의 경우에는 룰도 모르고 베팅하는 경우가 대부분이다. 룰을 알아야 더 적게 잃을 수 있다. 룰은 각 나라마다 또 회사마다 다르므로 현지의 룰을 정확히 알아야 할 필요가 있다.

(4) 카지노를 방문하는 데 드는 부가비용을 고려해야 한다

카지노 게임을 즐기기 위해서는 부가적인 비용도 함께 고려해야 한다. 교통비, 팁, 입장료나 멤버십 비용, 그리고 쇼, 영화, 쇼핑, 스포츠 시설 등 게임과는 별도로 들어가는 비용을 챙겨봐야 한다. 돈을 따면 비용이 다 해결된다는 식의 접근은 절대 위험하다.

제4장

복합리조트 시대의 카지노,
늪의 연꽃으로 피어나라!

1. 왜 카지노에 열광하는가?

1) 카지노의 마력

앞에서 살펴보았듯이 카지노 게임에 그다지 대단한 비밀이 있는 것은 아니다. 그러나 실제 우리 주변에서는 카지노를 하다가 직장을 잃고, 친구와 등지고, 자식을 버리고, 가족과 결별하고, 부모가 돌아가셨다고 해도 눈도 꿈쩍하지 않는 비인간적인 사람들을 수도 없이 보아왔다. 그만큼 카지노 게임은 사람의 눈을 멀게 하는 강력한 마력을 지니고 있다.

오죽하면 술은 마약으로, 마약은 도박으로 끊는다는 말이 있을 정도일까.

사람들은 왜 카지노 게임에 빠져드는 것일까? 게임을 하는 이유는 사람마다, 또 각자 처해 있는 상황에 따라 다르겠지만 몇 가지를 들어 보면 다음과 같다.

(1) 카지노 게임은 즐거움을 넘어 짜릿한 쾌감을 준다

사람들은 무엇인가 대가가 따라오면 어떤 유혹을 쉽사리 떨쳐 버리지 못한다. 카지노가 그렇다. 게임에서 이겼을 때는 부를 얻을 수 있으며, 이와 함께 느낄 수 있는 짜릿함이 있다. 대다수의 사람들은 게임에서 한 번쯤은 이겨 본 경험이 있고 그것이 가져다주는 쾌감은 대단한 것이다.

룰렛은 전 세계 카지노에서 가장 인기 있는 게임인데 당첨번호를 맞추면 35배를 지급해준다. 1,000원으로 게임을 한 플레이어가 당첨번호에 베팅하여 제대로 맞추면 세 번 만에 원금을 포함 46,656,000원을 벌 수 있다는 계산이 나온다.

다이사이 게임에서 트리플(Tripple) 베팅에 당첨되면 150배를 지급해준다. 1,000원으로 게임을 하여 단 세 번 만에 3,375,000,000원을 벌 수 있다. 세상에서 이처럼 1,000원으로 단 세 번 만에 많은 돈을 딸 수 있는 상품이 있을까. 실제 게임 현장에서 이러한 기회는 종종 나타나는 경우가 있다.

만약 이러한 베팅에 당첨된 사람이 있다고 해 보자. 카지노에서는 기본적으로 스릴과 흥분을 느끼게끔 하기 위해 붉은 조명과 카펫 등 화려하게 실내장식을 해놓는다. 거기에다 박수와 함께 'Winner'라고 크게 외쳐준다든지, 팡파르를 울려주거나 함께 게임에 참여하는 사람들과 승리의 함성을 지르고 Hi-Five를 해줄 경우라면 아마도 그 기억을 잊고 사는 사람은 이 세상에 없을 것이다.

한번 게임에서 이긴 승부의 맛이란 그만큼 짜릿한 것이다. 그러나 그 짜릿함은 여기서 끝나지 않는다. 도박이라는 것은 일종의 내성이 생기기 마련이다. 한번 짜릿함을 맛본 사람은 더 큰 쾌감을 맛보기 위해 더 크게 더 많은 게임을 해야 한다.

(2) 일상생활에서 벗어날 수 있는 새로운 일탈을 경험 할 수 있다

사람들은 여행지에 가면 무언가 새로운 경험을 해 보고 싶어 한다. 또 많은 사람들은 직장 또는 가정에서 받은 스트레스를 풀 수 있는 방법을 찾고자 한다. 여유 돈이 생기면 평소에 해 보지 못했던 곳에 돈을 사용하고 싶은 충동을 느낀다.

카지노장에는 여러 가지 게임들을 비롯하여 간단한 음주를 마실 수도 있을 뿐만 아니라, 생음악과 라이브 쇼 등 오락적인 요소가 다양하게 산재해 있다.

또한 카지노장 밖에는 각종 쇼와 볼거리, 그리고 마음껏 즐길 수 있는 유흥거리가 함께 갖추어져 있다.

카지노는 일상생활의 테두리를 벗어나 새로운 것에 재미를 느끼게 하는 마력을 가지고 있고, 자기 자신에 충분히 몰입할 수 있다. 자기만의 시간, 자기만의 세상을 만들어 주는 것이다.

(3) 카지노를 이용하면서 '최고'라는 기분을 느낄 수 있다

대부분의 카지노에서는 게임하는 고객에게 극진한 대접을 해준다. 객실과 여러 가지의 유흥장, 식음료, 선물, 심지어 항공티켓 등을 무료로 제공하는 등 VIP 대접을 해 주는 것이다.

극진한 대접을 넘어 카지노에서는 게임을 많이 하는 사람을 영웅

시 대접해준다.

카지노의 경영자와 종사원들은 고객들을 '최고'라는 기분이 들 수 있도록 해주며, 이러한 대우는 고객이 보다 게임에 몰입하게 하는 촉매제 역할을 해준다.

(4) 카지노 게임장은 인격적 차별이 없는 사교장이다

카지노에서 게임을 하면서 굳이 어디에 사는 누구인지, 무엇을 하는 사람인지 신분을 밝히지 않아도 된다. 단지 게임을 하면서 딜러를 상대로 이겨야 하기 때문에 동지애, 또는 전우애를 느낄 수 있다. '김사장님', '박여사님' 등 자연스럽게 모두다 '사장님'과 '사모님'이 된다.

카지노에서는 다양한 사람들이 찾아온다. 그러나 카지노게임장에 온 것만으로 서로 아무런 거리낌 없이 오랜 친구처럼 마음을 열고 사람을 사귈 수 있다. 많은 사람들은 카지노장을 그들의 사교장 혹은 만남의 장으로 여기게 된다.

2) 카지노에서 빠져나오지 못하는 고객의 심리

그렇다면 "왜 사람들은 카지노장을 쉽게 빠져나오지 못할까?"

그것에 대해 게임을 하는 많은 사람들은 그들의 심리를 이렇게 표현한다.

"만약 이길 수 있는 확률이 없었다면 카지노장은 존재하지 않을 것이다."라는 것이다. 즉, 카지노는 이길 수 있다는 확신이 있기 때문에 머물러 있다는 것이다.

그럼 왜 빠져나오지 못하는 것일까.

(1) 돈을 딸 수 있다는 환상을 지우지 못하기 때문이다

돈을 한번 따 본 사람은 실제 본인이 경험을 했기 때문에 또다시 딸 수 있을 거라는 확신을 가지고 있다.

돈을 따 보았기 때문에 어느 날 갑자기 성공할 수 있다는 생각과 함께 드라마틱한 인생의 목표를 설정하는 것이 사실이다.

대부분의 게임자들은 이길 수 있다는 확신아래 그 목표를 이루기 위해 여러 가지 성공적인 단서를 찾게 되고 부단한 연구와 노력을 기울이게 된다.

(2) '조금만 더 조금만 더' 증후군이 있기 때문이다

게임을 하다 보면 많은 돈을 따기도 하고 잃기를 반복한다. 그러나 카지노 게임에 빠져들수록 점점 많은 돈을 잃게 되고, 어느 정도가 지나면 도저히 회복할 수 없을 만큼 잃게 된다.

심지어 본전에 가까운 금액의 절반만이라도 만회한다면 게임을 그만두겠다는 결심을 하기도 한다. 그러나 그 희망도 잠시 '조금만 더' 따고 그만하겠다는 욕심이 생긴다.

심지어는 그동안 잃었던 금액에다가 예전에 땄던 금액까지도 본전으로 생각하고 그 본전을 만회하기 위한 베팅을 계속한다. 그러나 결국 그 금액을 다 잃게 된다.

이러한 과정에서 후회와 아쉬움으로 허탈한 상태에 빠지게 되며, 점점 헤어나올 수 없는 늪에 빠져들게 된다.

(3) 전혀 안중에도 없었던 도박중독 문제

게임을 하면 할수록 얻어지는 것이 있다. 그것은 게임에 대한 습관이다. 행동은 습관을 낳고 습관은 게임중독으로 연결된다.

게이머들은 언제고 자기가 마음만 먹으면 게임을 중단할 수 있을 것이라고 생각한다. 본인은 오로지 돈을 따기 위한 목표를 이루기 위해 게임을 한다. 그래서 도박 중독으로 인한 피해는 생각할 겨를도 없다. 때문에 본인이 도박중독에 걸렸다는 것을 절대로 인정하지 않는다. 본인의 절제력, 결단력을 확신하기 때문이다.

(4) 카지노를 그만두기 위해서는 엄청난 현실적 고통을 감당해야 한다

도박하기를 포기하는 것은 도박이 주는 엄청난 쾌감과 스릴을 포기해야한다. 담배를 피우다가 금연을 할 경우에는 금단현상이 발생한다. 도박을 끊는 것 역시 사소한 일에 민감하게 반응하거나 일에 집중하지 못하거나 도박을 잊지 못하기 때문에 생기는 심리적 불안감이나 초조함 등을 견뎌야 한다.

한편, 도박으로 잃은 엄청난 돈을 만회할 수 있는 기회는 도박 이외에는 없다. 정상적인 방법으로 빚을 해결 할 수 있는 방법은 결국 도박뿐이다. 도박을 포기하는 것은 그 유일한 기회를 포기해야 하는 것이다.

더욱 감당하기 어려운 문제는 도박을 끝내고 현실로 돌아왔을 때 겪을 수밖에 없는 엄청난 일들이다.

직장을 잃고, 가정을 잃고, 수십억 원을 잃고 빚을 졌다면 그 빚을 어떻게 갚아야 하는지, 이혼 뒤 자녀를 어떻게 양육할 것인지, 이웃 친구들과 깨진 신뢰를 어떻게 회복해야 하는지 등 직접 부딪혀야 할 이런 현실적인 생활고는 도박에서 빠져나왔을 때 비로써 깨달을 수 있는 것이다. 도박중독에서 빠져나왔을 때 이런 감당하기 어려운 일들이 기다리고 있다면 스스로 빠져나올 수 있는 용기 있는 사람이 몇이나 될까.

이러한 이유 등으로 도박에서 빠져나오려면 도박을 할 수밖에 없는 아이러니한 상황이 발생한다.

그래서 발버둥 칠수록 더욱 빠져드는 것이 도박이라는 것이다.

이런 도박의 늪에서 빠져나오기 위해서는 위에서 언급한 이유들을 무조건 다 비우고 마음을 내려놓아야 한다.

그러기 위해서는 분명 누군가의 도움이 필요하다. 재산을 갚아 줄 사람, 아이를 양육할 사람, 직장을 구해줄 사람 등등 구세주가 필요한 것이다.

사람은 누구나가 다 행복한 생활을 꿈꾼다. 그러나 도와줄 수 있는 누군가가 없을 경우에 사람은 최후의 극단적인 방법을 선택할 수밖에 없다.

2. 긍정적 효과와 부정적 폐해

1) 긍정적 효과

(1) 카지노의 순기능

카지노처럼 순기능과 역기능이 극명하게 존재하는 사업은 극히 드물다. 어떻게 보는가에 따라 카지노가 합법화되어 엄청나게 번성하기도 하고 불법으로 묶여 금기시하거나 죄악시되기도 한다.

어쨌든 카지노산업은 일정한 시설만 갖추면 영업할 수 있는 순수인적 서비스 상품으로 다른 산업에 비해 고용창출효과가 매우 크다.

보통 24시간 영업하는 곳의 카지노의 경우 테이블 게임 한 대당 9명의 딜러를 고용한다. 테이블 200대를 갖추고 있는 곳은 순수하게 딜러만 1,800명이 필요하며, 연관 부서 직원 30% 이상을 추가로 고용하여야 한다.

현재 강원랜드에는 테이블 200대, 머신 1,360대의 시설을 보유하고 있다. 정규직원 3,200명과 협력업체 1,800명을 포함하여 5,000여 명 이상을 고용하고 있다.

카지노는 섬유, 가전, 반도체, 자동차 등 다른 산업에 비해 고용효과가 훨씬 높으며, 특히 여타 관광산업과 비교해도 3배 이상의 높은 고용효과를 가지고 있다.

카지노는 테이블 2대만 보유하고 있어도 보안요원이 필요하고, 모니터 감시요원, 식음서비스 요원 등 관련 직원을 제외하고라도 딜러를 포함, 간부직원만도 20명이 넘는다. 노동집약적인 산업이기 때문이다.

우리나라 카지노 산업의 경우 1개를 제외한 전 업체가 외국인을 상대로 영업을 하고 있는데, 이들이 벌어들이는 카지노의 외화가득률은 93.7%로 반도체(39.3%), TV(60%), 자동차(79.5%) 등과 비교해 볼 때 월등히 높아 애국산업이라는 평가도 뒤따르고 있다.

한 연구에 의하면 카지노 고객 1명을 유치하면 반도체 76개, 컬러 TV 4대를 수출한 것과 동일한 효과를 보이며 11명을 유치하면 자동차 1대를 수출한 것과 같은 효과를 얻는다는 연구결과가 있다.

아울러 카지노 산업은 경제적 파급효과가 매우 크다.

관광객이 카지노에서 게임을 위해 칩스 구입 및 객실료, 식·음료 등 관광경비로 지출한 돈이 그 카지노의 수입이 되는데, 카지노는 이러한 직접적 효과가 매우 큰 산업이다. 1년 365일, 비가 오나 눈이 오나 바람이 부나 실내에서 게임을 할 수 있기 때문이다.

그러다 보니 직접적인 효과 외에도 다른 산업으로부터 식자재나 공산품, 각종 소모품 등을 구입하는 데 지출하는 간접적인 금액도 커질 수밖에 없다.

뿐만 아니라 카지노 수입의 일부는 종업원의 급료로 지출될 것이고, 그 종업원은 급료의 일부를 타 산업으로부터 일상생활용품, 가전제품, 의료비, 교통비, 기타 등을 구입하는 데 사용한다.

즉, 종업원 소득의 증가로 인해 소비가 증가되고, 소비의 증가는 다시 제조업 등 다른 산업의 생산 활동을 증가시키게 되는데 카지노는 이러한 유발효과 역시 큰 산업으로 국내외를 막론하고 지역경제 활성화를 위한 목적으로 카지노를 도입하는 이유가 여기에 있다.

카지노 기업을 설립하여 운영하게 되면 새로운 일자리와 가계소득의 증가를 가져오고 중앙 및 지방정부의 세원을 확보하며 지역주민에 대한 소득 및 고용창출효과로 인한 지방자치단체에 대한 재정수입 창출효과 등 국가 경제 전반에 대한 경제적 파급효과를 발생시킨다.

그 외에 게임 산업의 합법화는 외국으로 빠져나가는 달러를 국내로 유입하여 경제를 활성화시킬 수 있다는 점 외에도 불법 도박장 이용객의 양성화측면에서 매우 긍정적인 효과를 거둘 수 있다.

모든 사람들이 도박으로 부자가 되려고 한다면 문제가 될 수 있겠지만, 여러 형태의 게임 행위가 긴장되고 경직되어 있는 사회를 완화시킨다는 것에 대해 사회심리학자들은 동의한다.

Smith and Abt(1984)는 도박으로 벼락부자를 꿈꾸는 것이 아니라면 도박은 유익한 것이며, '카지노와 경마 그리고 복권과 같은 게임은 신체적, 심리학적으로도 도움이 된다.'고 하였다.

이들은 게임 행위를 '놀이(Play)'의 한 분야로 간주하였으며, 게임은 자신이 처한 갈등을 최소화할 수 있고, 현실 세계를 잠시나마 잊게 해준다고 하였다. 그리고 개인의 소심한 성격을 활동적인 성격으로 바꿔주는 역할을 한다고 주장하기도 하였다.

건전한 방향으로만 흘러간다면 카지노는 단조로운 개인의 삶에 새로운 활력을 불어넣어 주는 '오락' 또는 '레저'의 하나임에 틀림이 없다.

2) 부정적 폐해

긍정적 효과에도 불구하고, 카지노를 부정하는 커다란 이유가 있다. 그만큼 좋은 면이 있다면 부작용 또한 클 수밖에 없다.

카지노 산업의 부정적인 영향을 살펴보면 대체적으로 도박 중독증, 재산탕진 및 도산, 가정 파탄, 청소년 도박, 자녀 학대 및 어린이 방치 등등이다.

또한 카지노가 생기기 전 지역에 없었던 범죄, 매춘 등 사회 전반에 걸친 문제점도 제기되기도 한다.

이러한 이유로 카지노를 경제성에서만 따질 것이 아니라 설립된 후 불거져 나올 각종 사회문제에 대해서도 고민할 수밖에 없다.

(1) 재산탕진, 도산 및 가정 파탄

게임을 오래하여 돈을 잃게 되면 자신이 가지고 있는 재산을 먼저 처분한다. 적금을 깬다든지, 자동차를 판다든지, 카드 서비스를 받는다. 그 후에도 자금이 필요하면 친구나 친지들에게 소액을 빌려 게임에 참가한다.

언제까지 갚겠노라 약속을 하고 빌리지만 그 약속을 어기게 되고 점차 거짓말을 많이 하기 시작한다. 그것이 주변 사람들에게 알려지기까지는 많은 시간이 흐른 뒤에나 가능한 일이다.

평소에 신뢰를 쌓았던 사람일수록, 사회적으로 유명한 사람일수록 그 사람을 믿고 돈을 빌려준 피해자는 더 많다. 믿는 도끼에 발등이 찍히는 경우이다.

결국, 모든 재산을 잃고, 직장을 잃고 만다. 그 과정에서 가정이 깨지고, 부모 없는 아이, 남편 없는 아내, 아내 없는 가정이 되어 버린다.

(2) 도덕적 관념의 상실로 인한 추가적인 범죄

재산을 다 잃고 주위 친지들의 외면을 받고 나면 막다른 골목에 다다른다. 이제 더 이상 의지할 곳도 갈 곳도 없는 상태가 된다.

도박으로 돈을 잃은 사람들은 도덕적 윤리적인 관념이 흐릿해진다. 도박에 빠져 돈이 떨어진 사람들은 공통적으로 거의 모두가 추가범행을 한 번쯤은 마음에 품었다고 회상한다.

결국 마지막 도박자금을 마련하기 위하여 운명의 베팅으로 범죄를 저지르게 된다.

(3) 근로의욕의 상실

쉽게 딴 돈은 쉽게 읽거나 금방 없어지기 마련이다. 도박으로 빨리 돈을 따 본 사람들은 다른 성실한 방법으로는 돈을 딸 수 없다는 것을 잘 알고 있다. 그렇기 때문에 다른 방법으로 돈을 버는 것은 매우 비효율적인, 미련한 방법으로 치부한다.

결국 다른 일은 손에 잡히지 않는 것이다. 오로지 게임을 통해 성공하고자 하는 집념으로 임하게 된다.

과거 가지고 있던 재산을 다시 벌려면 엄청난 시간과 노력이 필요하므로 과거로 회귀하는 것은 끔찍한 일이다. 그렇기 때문에 취직이나 다시 사업을 한다는 것은 상상할 수도 없는 일이다. 일하고 싶은 마음이 사라지는 것이다.

(4) 사치와 한탕주의의 만연

도박을 하면서 한탕주의에 빠져드는 사람이 많이 생기게 된다. 돈을 따고 나면 흥청망청 써버린다. 언제라도 딸 수 있다고 생각하기 때문에 그동안 경험하지 못한 수많은 것들을 쉽게 해 볼 수 있다.

명품을 좋아하는 사람들이 늘고, 종업원들의 돈 씀씀이도 경제적이지 않다. 한 번만 베팅해서 이기면 갖고 싶은 모든 것을 공짜로 가질 수 있기 때문이다.

(5) 도박중독증

카지노를 이용하는 많은 사람들은 카지노를 오락의 한 형태로써 이용하고 있지만 또 다른 부류의 사람들은 게임을 스스로 통제할 수 없는 경우에 도달한다. 카지노의 부정적 영향중에서 가장 큰 문제는 바로 도박중독증이다.

도박중독은 충동조절 능력에서 현격한 문제가 나타나는 일종의 정신장애이다.

그중 병적 도박자는 자신의 도박행위에 대한 만성적인 통제 상실을 경험하면서 도박과 도박자금에만 집착하고, 자신이 돈을 건 게임의 결과를 비현실적으로 낙관하는 비합리적 사고패턴을 가지고 있으며, 도박으로 인해 재정적 파탄은 물론 직업을 잃고 가족과 친지들로부터 버림을 받는 부정적인 결과가 발생했음에도 불구하고 도박행위를 지속하는 특징이 있다.

이들은 항상 도박만을 생각하게 되고 도박을 하지 않으면 불안 또는 초조함 증세까지 보이게 되며, 도박에 대한 내성으로 인해 점점 더 큰 쾌락을 맞보기 위해 더 큰 자극을 추구한다.

결국 돈의 가치, 가족의 가치 등 생활 속의 소중한 가치를 다 망각하게 되고 모든 것을 다 잃어버리게 된다.

(6) 사회문화의 변질

전 세계 최고의 카지노 메카, 최대의 규모를 자랑하는 라스베이거스가 있는 네바다 주는 한때 미국 전역 자살률 1위, 이혼율 1위, 고등학교 중퇴율 1위, 여성을 상대로 한 강도발생률 1위, 도박중독률 1위, 개인 부도율 3위, 낙태율 3위, 강간 범죄율 4위, 사생아 출산율 4위, 알코올과 관련된 죽음 4위, 각종 범죄율 5위, 구속률 6위 등 각종 강력범죄나 사회문제 발생률이 미국 내에서 수위를 차지한 바 있으며, 상업용 전화번호부 책의 대부분이 각종 매춘에 관한 광고들로 들어차 있어 "죄악의 도시(Sin City)"라고 불리기도 하였다.

지금도 라스베이거스의 지하 배수구에서는 집과 직장을 잃은 사람들이 촛불과 손전등에 의지해 살아가고 있다고 한다.

마카오의 구치소는 대다수 카지노에서 재산을 탕진한 외국인 범죄자들로 가득 채워져 있고, 그들을 관리하기 위한 경찰관 숫자민도 15,000명에 이른다고 한다.

리스보아 맞은편 골목에는 시계, 금은방이 즐비해 있고, 박쥐를 표시하고 있는 네온사인도 많이 있다. 박쥐는 전당포의 상징으로써 많은 이들이 여기서 게임머니를 구하기 위해 물건을 저당 잡혀 현금으로 교환한다. 신혼여행을 왔던 많은 사람들이 결혼예물을 저당 잡

히고 이혼하는 경우도 많다고 한다. 박쥐, 사람의 피를 빨아먹는 흡혈귀인 것이다.

도박을 하다 보면 자신의 집, 자동차, 적금 해약 등 부동산과 동산을 다 날린다. 그 후 신용카드 등을 통해 대출을 하게 되며, 친구, 친척 등 주변 사람들에게 돈을 빌린다.

마지막으로 돈을 빌리려고 해도 빌 릴 수 없는 상황에서 쉽게 접근할 수 있는 것이 담보 없이도 빌려주는 고리의 사채, 카드깡, 대부업체 등이다.

그 돈을 갚지 못하면 결국 사채업자가 찾아오고, 깡패 등 폭력조직들이 찾아오는 과정에서 한 가정은 완전히 쑥대밭이 돼 버리고 만다.

빚을 해결하는 과정에서 가족들이 겪어야 할 인간적 수모와 생활고와 정신적인 충격은 그들과 함께해 온 모든 사람들을 병들게 하고 파멸에 이르도록 한다.

도박의 부작용은 개인만의 문제로 끝나지 않는다. 수많은 사람들이 오랜 시간 동안 빚과 우울증으로 시달리고 있음은 가슴 아픈 사

마카오 전당포의 상징(박쥐). 리스보아 맞은 편 시가지에는 전당포들이 즐비하다.

연이 아닐 수 없다.

(7) 신뢰의 파괴

평소에 행실이 좋았던 사람이건, 사회적 지위가 높았던 사람이건, 아니면 인성이 올바른 사람이었든지 간에, 혹은 공부를 잘하든 뭐든 성별이 뭐든 나이가 많든 적든지 간에 도박은 아무렇지 않게 다가와서 한 사람을 완전히 잡아두고 잠재워 버린다. 가족이며 지인들을 속이며 거짓말을 일삼고, 도박을 끊겠다고 다짐하기를 수십 번, 그러나 끊지 못하고 결국 거짓말쟁이로 전락하게 된다.

그리 인해 인간관계는 온통 불신뢰가 팽배해지고 만다. 평소에 신뢰를 쌓았던 사람이 많으면 많을수록, 아는 사람이 많으면 많을수록 그 배신감의 피해는 더욱 크다. 그것은 이 사회가 게임 중독자를 그대로 방치하게 되면서 감내해야 하는 고통인 것이다.

(8) 자살

죽어야 끝난다는 도박중독, 손가락이 잘리면 발가락으로, 발가락이 잘리면 입으로 한다는 말이 있다.

게임이 아닌 도박을 시작하는 순간 본인뿐만 아니라 사랑하는 가족, 연인까지 파국을 불러올 수밖에 없다.

오락이라는 이름으로 시작한 게임이 중독이라는 무서운 결과를 초래하고, 최후 파국의 결과는 모든 것을 남긴 채 목숨을 끊는 것이다.

자살은 남아 있는 사람들에게 엄청난 충격을 남겨주고 간다.

3. 카지노는 연꽃이 되어야 한다

1) 자본주의의 꽃: 인간의 본능적 욕망 위에 피는 꽃

자본주의란 부에 대한 인간의 욕망을 인정하고 그 욕망의 달성이 가능하게 하도록 이윤추구를 목적으로 하는, 자본이 지배하는 경제체제를 의미한다.

카지노 자본주의란 영국의 경제학자 수전 스트레인지(Susan Strange, 1923~1998)가 1986년 펴낸 『카지노 자본주의』라는 책에서 비롯된 것으로, 정보통신기술의 비약적 발달에 따른 자본주의의 부정적 측면을 가리키는 말로서, 투기적인 참가자들로 구성된 카지노와 탐욕적인 투기자본, 선물, 옵션, 스왑 등의 다양한 파생금융거래로 리스크가 높아진 서구의 금융시장이 흡사하다는 데서 착안한 개념이다.

이는 한 사람의 승자를 위해 여러 사람은 빈털터리가 되어도 되는 것처럼 카지노 판에서 흔히 나타나는 승자독식의 행태가 최근의 자본주의에서도 나타나면서 생긴 개념이다.

석가모니는 호랑이에게 쫓겨 절벽에 맞닥뜨리게 된 상황에서 인간의 욕망을 이렇게 표현하고 있다.

낭떠러지 아래에는 거친 풍랑이 이는 바다가 있고, 뒤로는 호랑이가 버티고 있는 상황에서 나그네는 한 그루 소나무 위로 뛰어올랐고, 발톱 끝을 세워 소나무를 향해 달려드는 호랑이를 피해 마지막 남은 힘을 다해 옆에 있는 나무 넝쿨을 타고 아래로 내려가기 시작했는데, 나무 넝쿨은 도중에 꺾어져 버렸고, 금방이라도 떨어질 것 같은데, 그 와중에 이상한 소리가 들려 위를 올려다보니 나무 넝쿨의 뿌리를 하얀 쥐와 검은 쥐가 함께 갉아 대고 있었던 것이었다. 그대로 두면 넝쿨이 끊어져 나그네는 바다 속에서 입을 벌리고 있는 용들 쪽으로 떨어질 수밖에 없는 상황이었다.

그 순간 나그네는 어쨌든 쥐들을 쫓기 위해 나무 넝쿨을 흔들었더니 어떤 액체가 뺨에 떨어졌다. 핥아보니 달콤한 벌꿀이었다. 넝쿨의 뿌리 쪽에 벌집이 있어 흔들 때마다 꿀이 떨어진 것이었는데 나그네는 그 순간에도 벌꿀을 받아먹기 위해 여념이 없었다고 한다.

석가모니는 사면초가의 심각한 위기 상황에 쫓기면서도 달콤한 꿀맛을 보고는 욕망을 참지 못하는 것이 인간의 본성이라고 보았던 것이었다.

카지노를 통해 달콤한 돈맛을 본 사람은 그것이 탐욕에 지나지 않는다는 것을 알면서도 눈앞에 보이는 욕망을 참지 못하는 것과 같다.

현 시대의 자본주의는 물질만능주의를 기반으로 하여 그 욕망을 더욱 부추기고 있으며, 이 같은 시대의 흐름은 멈출 것 같지도 않다. 이러한 기세는 더욱 기승을 부릴 전망이다.

카지노 기업들은 이러한 심리를 더욱 부추기면서 고객 유치 경쟁에 열을 올리고 있다. 여기에 자국민의 해외 원정 도박 자금 유출 방지 및 관광객 유치를 위해 각 나라들이 발 벗고 나서고 있기 때문이다.

2) 인식의 대전환: 바닥이 닿을 수 있는 늪을 만들자

카지노에는 양날의 칼이 있다. 칼은 요리사에게는 훌륭한 요리 도구이지만, 강도에게는 무서운 흉기가 된다.

아직까지 알려진 도박의 정확한 기원은 없다. 그러나 사람들의 생활상을 보면 도박은 아주 오래된 전통의 하나임은 부인할 수 없다. 바둑이나 장기 등 우리에게 익숙한 게임도 도박으로 이용되어 왔으며, 우리의 전통 민속놀이인 윷놀이나 고스톱 등의 게임도 도박의 범주에 들어갈 수 있을 것이다.

도박은 우리의 주변에서 흔히 살펴볼 수 있다. 어차피 없앨 수 없는 경우라면 관리를 잘하는 것이 최선이다.

카지노 또한 경제적인 이득과 많은 이점을 줄 수 있기에 부정적인 측면에서만 고수할 것이 아니라 하나의 산업으로 인식해 볼 필요가 있다.

우리가 일상에서 문제시하는 것으로 도박과 성의 문제가 있다. 두 가지 모두 사회의 음지임에는 틀림이 없다. 이 두 가지는 오랜 역사를 두고 사라지지 않고 있다. 자칫 잘못 누르면 음성화된 부분만 더욱 커지게 만든다. 그러나 산업 활동적 차원에서 그 효과는 매우 크다고 볼 수 있다.

사회적으로 금기시 하는 것이 옳을까 아니면 공식적으로 인정해 주는 것이 옳을까. 최근에는 독신자가 늘어나고 있고, 이혼이 많아지고 있다. 성비율이 맞지 않는데 성매매를 불법화하는 것만이 능사일까.

두 가지 모두 인간의 본능적인 욕망 또는 욕구로부터 출발하는 것임에는 의심의 여지가 없다. 인간의 욕구와 욕망을 어느 정도 해소할 수 있도록 사회제도적으로 뒷받침해 준다면 많은 범죄를 예방할 수도 있지 않을까.

마치 태양을 잘 받아야 살아있는 늪, 생태계가 온전히 존재하는 늪이 될 수 있는 것과 같이 자꾸만 감출 것이 아니라 오히려 밖으로 드러내야 하지 않을까.

우리는 지금 카지노사업을 확대할 것인가. 하지 말아야 할 것인가를 놓고 심각히 고민하고 갈등 중에 있다. 카지노 산업의 열매는 화려하고 달콤하기 때문이다.

라스베이거스와 마카오가 언제 무너질지 모른다는 우려의 목소리가 만만치 않았다. 그러나 라스베이거스가 탄생한 지 100년이 지난 지금 마피아의 도시, 죄악의 도시 라스베이거스의 게임 수입 비중은 전체의 50% 이하로 떨어졌고 컨벤션과 엔터테인먼트의 도시가 되었다.

인구는 100년 전에 비해 600배도 넘게 급격히 증가하는 등 세계 유래에서 찾아볼 수 없는 사례가 되었다.

마카오가 카지노 시장을 오픈한 이래도 10년 남짓 되지 않아 국민소득 5만 불을 넘어서고 실업률이 0.8%에 지나지 않는 완전 고용 시장을 이루었다. 카지노로 시작한 마카오가 컨벤션과 세계 금융시장의 중심으로 떠오르고 있다.

단지 2개의 카지노 복합리조트를 만들어 GDP를 끌어올리고 두 자리 수의 경제성장률을 올린 도덕국가 싱가포르가 전 세계의 벤치마킹의 대상이 되고 있다.

초창기 마카오 주민들 중 많은 사람들이 카지노에 빠졌었다. 하루하루 카지노로 출근하는 '생활 바카라'라는 직업이 생겨났을 정도였다.

라스베이거스의 주민들도 예외는 아니다. 아직도 라스베이거스 건물 지하에는 많은 노숙자들이 자리 잡고 있다. 싱가포르 역시 도박에 빠지고 있다.

그러나 이제 마카오 주민들의 대다수는 더 이상 카지노에 가지 않는다고 한다. 이미 오랜 세월 동안 카지노를 이길 수 없음을 깨달았기 때문이다.

수 년간 국민소득 2만 불 수준에 머물러 있는 우리나라, 대학을

졸업해도 취직이 되지 않는 나라, 그러나 세계 최고의 반도체와 IT 기술력의 나라, 한류의 열풍이 세계를 강타하고 있는 이 시대에 뒤처진 관광산업을 활성화하기 위해서는 무언가의 조치가 필요한 것이 사실이다.

그러나 만약 외국자본을 들여 복합 카지노를 확대하겠다고 한다면, 왜 외국인이 그토록 들어오고 싶어 하는지 그 과와 실을 따져봐야 한다고 생각한다.

카지노는 각종 불법 자금과 각종 범죄와 관련된 지하 경제의 자금을 거두어들인다. 물론 많은 선량한 직업인들의 자금도 벌어들인다. 그로 인해 재정 수입은 좋아지고 많은 고용을 창출할 수 있으며 소득을 증가시킬 수 있다.

그러나 카지노로 인한 폐해도 만만치 않다. 한번 빠져들면 늪에 빠진 것과 같이 발버둥 칠수록 더 깊게 빠져들게 된다.

때문에 수많은 사람들이 고통의 나날을 보내고 있다. 적어도 그동안 가슴 아픈 상처를 경험한 가족들에게 더 이상 깊은 상처를 만들어 주어서는 안 된다.

그러기 위해서 먼저 해결해야 할 것이 있다. 바닥이 없는 끝없는 늪이 아닌 최소한 바닥이 닿을 수 있는 낮은 늪을 만들어 주어야 하는 것이다.

그것은 카지노를 받아들일 수 있는 성숙한 게임문화와 함께 사회적 기반 제도들이 우선적으로 뒷받침되어야 한다는 것을 의미한다.

가족이란 끊을 수 없는 핏줄의 인연도 도박이란 운명 앞에는 한없이 나약한 존재일 수밖에 없다. 운명을 건 베팅, 빠져나올 수 없는 늪, 그 속에서 건져 낼 수 없다면 적어도 가정만은 지킬 수 있도록

싱가포르 연꽃무늬 박물관　　　　　마카오 황금연꽃 광장

해야 하지 않을까.

아울러, 게임에 참여하는 사람들은 자기 스스로 책임질 수 있는 성숙한 성인이 되어야 한다.

자기 자신이 저지른 책임을 벗어날 수 있는 사회는 없다. 적어도 이 사회에서 살고 있는 한은 없다. 카지노 게임의 세계도 마찬가지다.

예전에 명절에는 집 안에서 형님들과 밤새워 고스톱을 치는 경우가 많았다. 그러나 요즘은 시간을 정해놓고 친다. 시간을 넘기더라도 마지막 먹기 3판으로 깔끔하게 끝낸다. 적어도 이쯤에서 끝낼 수 있는 용기와 포기할 수 있는 의식이 되어 있어야 한다.

일찍이 마카오는 연꽃의 상징으로 알려져 왔다. 스탠리 호는 연꽃을 상징하는 마카오 대표 건물 그랜드 리스보아를 세웠다. 그리고 엄청난 부와 명예를 이루었다. 마카오 시민 전체가 그와 더불어 경제적 풍요를 누리고 있다.

그가 바라본 카지노의 미래는 무엇이었을까.

싱가포르에는 연꽃을 형상화한 박물관이 카지노가 세워진 건물 앞 바다 위에 떠 있다.

단순 외국 관광객들을 대상으로 하는 카지노는 무조건 환영해야 할지도 모른다. 그러나 내국인의 경우는 상황이 좀 다르다.

카지노의 부작용에 대한 사회적 처리는 빠른 초동진화 조치와 기반이 필요하다.

도박의 증후군은 충분히 감지할 수 있다. 주변에서 누군가 폭력을 휘두르거나 금전을 빌려가거나 거짓말을 일삼는다면 가족들은 빨리 회사 및 정부에 출입정지 신청을 해야 한다. 아울러, 신용거래 정지도 검토해 볼 수 있다. 그리고 전문가와 상담을 받게 하여야 한다. 그 정도가 심한 사람은 아예 사회에서 격리시켜야 한다. 늪에 빠지지 않도록 하는 것은 늪에서 격리시키는 일뿐이다. 이미 정상인이 아니기 때문에 그것만이 그 사람을 구제할 수 있는 유일한 방법이라고 생각한다.

잘은 모르지만 도박으로 인한 피해액의 일부를 감해주는 개인파산 제도를 도입할 필요가 있다. 남아 있는 다른 사람들만이라도 고통을 최소화할 수 있기 때문이다.

이혼의 간소화를 입법화한 라스베이거스, 결혼으로 새롭게 탄생하는 라스베이거스가 어쩌면 이러한 가정파괴에 대한 부작용을 해소할 수 있는 사회적인 장치는 아닐까 생각해본다.

이혼이라는 제도를 망가진 가정을 다시 새로운 출발이 가능하게 하는 갱생의 의미로 판단해 보면 어떨까.

3) 카지노의 미래, 늪의 연꽃으로 피어나라

도박(賭博, gambling)이란 흔히 화투·카드놀이·시합 등과 같이 그 승부가 불확실한 일에 요행을 바라고 돈을 거는 일, 노름 또는 요행수를 바라고 불가능하거나 위험한 일에 손을 대는 것을 말한다. 유사한 개념으로는 투전, 돈내기, 노름이란 말이 있지만 노름이란 의미로 가장 많이 쓰인다.

일상생활에서 도박에 빠졌다든지, 노름에 빠졌다든지 등 이 말은 매우 안 좋은 의미로 사용된다. 개인적으로 도박이란 말은 우리 사회에서 사라졌으면 하는 바람이다.

이에 비해 게임은 규칙을 정해 놓고 승부를 겨루는 놀이로서 '경기', '내기', '놀이'로 순화된 개념이며, 운동 경기나 시합 '경기'로 순화된 의미로 사용되고 있다.

필자는 건전한 것은 게임, 극단적인 모험(일시에 돈을 따기 위한 목적)을 추구하는 것은 도박이라고 구분하여 사용하고 싶다

현재는 약간의 도박성과 건전한 게임의 중간단계인 갬블이라는 단어가 사용되고 있고, 적정한 표현이라고 생각한다.

그러나 향후에는 게임이라는 단어로 발전되어야 하며, 또 그렇게 발전할 것으로 판단된다.

예전에 주식투자자의 지위는 도박자에 불과했다고 한다. 차츰 시간이 흐르면서 도박자에서 투기꾼으로, 투기꾼에서 현재는 당당한 금융인으로 인정받고 있다. 그러나 예전이나 지금이나 마찬가지의 일을 해 왔을 뿐이다.

카지노 역시 마찬가지이며, 카지노 종사원의 지위 역시 예외는 아

닐 것이다. 도박자→갬블러→프로게이머로 인정받을 날이 멀지 않았다. 그렇게 되기 위해서는 관련자 모두가 카지노를 건전한 게임으로 정착 발전시키도록 노력해야 한다.

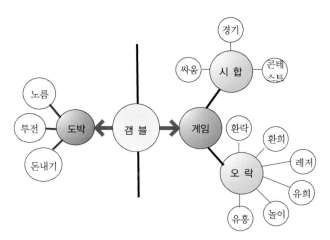

도박/갬블/게임의 유사 개념

늪이란 빠져나오기 힘든 상태나 상황을 비유적으로 이르는 말로서, 힘쓸수록 더 빠져들어 결국 빠져나오지 못하고 죽을 수밖에 없는 곳을 의미한다. 분명 도박의 세계는 한번 빠지면 빠져나올 수 없는 늪이 된다.

불법 사행산업 규모가 무려 96조 원이라는 연구조사가 발표되기도 하였다. 그에 비해 합법화된 사행산업의 규모는 19조 5,443억 원이다. 불법이 무려 4.8배나 더 크다.

최근에 사행산업통합감독위원회 내에 불법감독센터가 설립되었다. 불법에 대한 관리를 강화하겠다는 취지이다. 불법 사행산업에

사행산업통합감독위원회의 불법도박 근절 홍보 포스터

대해 감독을 강화하면, 불법에서 게임하는 사람들을 합법시장으로
유도할 수 있고 합법시장을 잘 관리하면 건전하게 게임을 하면서 자
연스레 세금과 기금도 더 걷어서 국민들을 위해 좋은 곳에 쓸 수 있
기 때문에 선순환 구조가 될 것으로 기대한다.

그러나 불법시장은 누구하나만 열심히 뛴다고 해결되는 것은 아
니다 법과 제도가 보완되어야 하고, 사업자와 정부, 지역사회가 한
마음으로 협심해야 하는 등 국민의 인식이 한층 성숙되어야 가능한
일이다.

도박을 위해 불법 사행산업을 찾는 고객이 없어야 하며, 불법 사
행시설을 설립하여 운영하는 업주가 사라져야 한다.

그러기 위해서는 합법사업의 관리도 중요하다. 합법 사업을 너무
규제하면 어렵게 도입한 취지를 상실하게 된다. 결국 많은 사람들은
불법시장이나 해외로 빠져나갈 것이다. 특히 돈이 많은 사람들의 경
우는 마카오, 필리핀 등과 경쟁을 한다는 차원에서 업체의 자율 운
영권을 대폭 확대해야 한다.

다만, 중독자의 문제를 어떻게 해결할 것인가에 대해서는 보다 심

도 있는 연구와 노력이 필요하다.

필자는 카지노 산업을 늪의 연꽃으로 비유하고 싶다. 그리고 카지노 산업의 밝은 미래를 위해서는 관련자 모두가 늪의 연꽃처럼 될 수 있도록 노력해야한다

연은 뿌리는 진흙에 내리지만 잎과 줄기는 항상 깨끗하고 푸르다. 이와 같이 카지노기업도 항상 푸르고 깨끗해야 한다. 그러기 위해서 카지노 업체와 구성원들은 사고와 사건에 연루되어서는 안 된다. 연의 줄기가 속이 비어 있듯이 기업 내부도 투명하고 건전하게 경영을 해야 하며, 종사원들은 깨끗한 윤리의식과 건강한 자세로 스스로 위상을 높여가야 한다.

뿌리를 내리고 있는 늪을 정화시키는 일은 관련자 모두가 힘을 합해야 한다. 지역사회는 카지노로 인한 부작용을 감당해내야 하며, 지역사회를 살기 좋은 마을, 아름다운 마을로 가꾸어 나가야 한다. 카지노 노숙자들에 의존한 하부 경제구조에 머물러서는 관광지로 거듭나는 데 한계가 있을 수밖에 없다.

지역 및 중앙의 언론은 카지노를 항상 사건과 관련시키고, 국민들을 자극할 수 있는 선정적 멘트를 선정하여 보도하는 등 부정적 시각에서만 보도할 것이 아니라 긍정적 측면에서 홍보하고 대안을 수립하여 제시하는 등 여론을 이끌어가는 주도층으로서 사회를 리드해가야 한다. 싱가포르 카지노만이 성공 사례가 되어야 하는지를 제고해볼 필요가 있다.

정부는 대한민국 미래 청사진을 그려내듯이 카지노 산업의 미래 지도를 잘 그려야 한다. 칼은 쓰기 나름인 것, 카지노 관련법을 별도로 제정하는 등 카지노 산업에 힘을 실어주면 좋을 것 같다.

지역경제활성화를 위해 설립된 강원랜드가 개장한 지 12년이 지났다. 그동안 약 11조 9천억 원을 벌었다. 그중 33%인 3조 9천억 원을 중앙정부와 지방정부의 세금이나 기금으로 썼고, 1조 2천억 원은 지역주민 고용, 보안, 청소, 시설관리 용역, 공사 등 지역업체, 폐광지역 대체 산업에 대한 출자 등으로 쓰고 있다.

그러나, 라스베이거스나 마카오와 같은 인구 증가나 관광객 증가 효과는 아직 기대에 미치지 못한다. 경제적인 풍요와 부작용 모두 아직은 불확실한 상황이다.

현재, 폐광지역은 강원랜드 카지노 없이는 자생하기 어려운 상황이다. 아울러 카지노에 대한 이미지 개선노력과 함께 건전한 게임이라는 성숙한 국민의식이 없이는 카지노에 대한 인식의 변화에 한계가 있을 수밖에 없다.

그동안의 성과와 반성을 통해 카지노가 건전한 관광산업으로 재조명되기를 기대해 본다.

연꽃은 군자의 꽃이다. 세속을 초월한 듯 초탈한 모습이 연꽃에는 있다. 연꽃은 진흙에 뿌리를 내려도 아름다운 꽃을 피우며 많은 열매와 씨앗을 거둔다.

수렁의 늪에서도 빠져죽지 않고 꽃을 피울 수 있는 연꽃, 카지노가 늪의 연꽃으로 활짝 피어나기를 희망해 본다.

나오는 말

늪에는 많은 생명체가 살고, 고약한 진창 냄새가 난다. 그러한 늪에 연은 뿌리를 완전히 빠뜨린 상태로 자라난다. 연의 줄기는 항상 푸르되 겉은 반듯하고 속은 비어 있다.

카지노 기업은 연의 줄기처럼 왜곡됨이 없이 반듯하게, 그리고 내부는 숨김없이 투명해야 한다. 연의 잎은 물방울이 자신의 몸에 닿아도 물을 묻히지 않고 그냥 흘려버린다. 연잎이 물을 먹지 않듯이 구성원들은 주변의 부조리와 탐욕에 물들지 않아야 한다.

보통 식물은 꽃이 먼저 피고 그 후에야 열매를 맺는 데 반하여 유독 연꽃만이 꽃과 열매가 거의 동시에 피고 맺는다. 카지노의 꽃은 매출액, 열매는 세금과 기금을 의미한다.

연꽃은 밤에 꽃잎을 오므렸다가 아침에 새롭게 펼쳐낸다. 소유한 것을 움켜잡지 않고 세상을 위해 계속 내어준다. 활짝 핀 연꽃잎은 풍요로움을 상징한다. 연꽃을 피우면 진창 냄새는 사라지고 그 향기는 능히 늪을 정화시키고도 남는다.

연꽃의 씨주머니 속에는 많은 씨앗이 들어 있다. 많은 씨앗이 헛되이 버려지지 않도록 지혜의 밝은 빛을 비추자.

뿌리, 줄기, 잎, 꽃, 씨앗은 각기 다르지만 모두가 하나의 연꽃이다.

복합리조트 시대의 카지노, 진흙탕에 뿌리를 내리지만 맑고 푸른 줄기와 잎으로 솟아올라 향기로운 연꽃으로 피어나라.

참고문헌

『라스베가스 이야기』, 타니오카 이치로 원저, 양형은 편역
『사행산업론』, 황현탁 저
『중독의 이해와 상담실제』, 강성군 저
『카지노게임 실무론(CASINO GAME)』, 최재헌 저
『카지노게임의 실무이론』, 고택운·김정국·정록용·김수학 저
『카지노산업론』, 원갑연·한진수·임정우 저
『카지노산업과 게임의 이해』, 정두연 저
『카지노와 게임산업』, 하동현·임정우 저
『카지노배우기』, 벨린다 리브즈 원저, 문재원 역
『카지노 게임과 경영론』, 문찬호 저

박성수(朴成洙) ————————————

　1969년생
　강릉대학교 경영대학원 경영학 박사
　강원랜드 카지노관리팀장

『지금처럼 산다면』(2010)

복합리조트 시대
카지노 미학

초 판 인 쇄 ㅣ 2013년 10월 31일
초 판 발 행 ㅣ 2013년 10월 31일

지 은 이 ㅣ 박성수
펴 낸 이 ㅣ 채종준
펴 낸 곳 ㅣ 한국학술정보㈜
주　　　소 ㅣ 경기도 파주시 문발동 파주출판문화정보산업단지 513-5
전　　　화 ㅣ 031) 908-3181(대표)
팩　　　스 ㅣ 031) 908-3189
홈 페 이 지 ㅣ http://ebook.kstudy.com
E - m a i l ㅣ 출판사업부　publish@kstudy.com
등　　　록 ㅣ 제일산-115호(2000. 6. 19)

ISBN　　　978-89-268-5316-0　93320